Io e Mercurio

Coordinamento grafico: Sara Storari
Progetto grafico, impaginazione e redazione: Sinnos - www.sinnos.org
Font *leggimi* © Sinnos

www.battelloavapore.it

Pubblicato per PIEMME da Mondadori Libri S.p.A.
I Edizione 2018

ISBN 978-88-566-6283-2

Anno 2018-2019-2020 Edizione 1 2 3 4 5 6 7 8 9 10

Stampato presso ELCOGRAF S.p.A. - Stabilimento di Cles (TN)

IL BATTELLO A VAPORE

Emanuela Nava

Io e Mercurio

Illustrazioni di

Desideria Guicciardini

PIEMME

Libri ad Alta Leggibilità

LA DISLESSIA, insieme a disortografia, disgrafia e discalculia, è un **disturbo specifico dell'apprendimento (DSA)** che consiste nella difficoltà a leggere e a scrivere in modo corretto e fluente. La dislessia non è causata da deficit sensoriali o neurologici. Il bambino dislessico può imparare a leggere e scrivere, ma riesce a farlo solo impegnando al massimo le sue capacità e le sue energie. Per questo si stanca rapidamente e commette errori.

Proprio pensando alle esigenze di questi bambini, Il Battello a Vapore ha sviluppato il suo progetto di LIBRI AD ALTA LEGGIBILITÀ.
Non si tratta di testi semplificati nei contenuti ma di **libri per tutti** con caratteristiche grafiche e di impaginazione che favoriscono la leggibilità e che li rendono **accessibili anche** a bambini con **DSA** e con **BES**.
Perché leggere è un diritto di tutti i bambini.

Le caratteristiche dei LIBRI AD ALTA LEGGIBILITÀ:

- utilizzano la font *leggimi*, appositamente studiata per chi ha difficoltà di lettura e in particolare per chi ha problemi di dislessia,
- utilizzano interlinea e spaziatura più ampie del normale,
- il testo è sempre allineato a sinistra e le parole non vengono mai sillabate,
- le illustrazioni non interrompono le righe di testo.

La **font *leggimi*** è stata creata nel 2006 dalla Sinnos editrice con la collaborazione di neuropsichiatri, logopedisti e insegnanti ed è stata ridisegnata e ricalibrata nel 2016.
La stessa Sinnos ha collaborato con Il Battello a Vapore per la progettazione e la realizzazione di questi libri ad Alta Leggibilità.
Per ulteriori informazioni sulla font e sul lavoro della Sinnos, potete consultare il sito:
www.sinnos.org

1

AVEVO undici anni quando conobbi Mercurio, il messaggero degli Dei. Scese dal cielo per regalarmi verità, bontà e bellezza. Lo fece lentamente, mettendomi alla prova con molte insidie.

Allora i messaggi venivano inviati solo per posta: lettere e cartoline che rotolavano da un capo all'altro del mondo.

Mercurio, velenoso e curativo, volatile e inafferrabile, era il nostro postino. Fu lui a insegnarmi a vedere l'invisibile.

Ma questo accadde molto dopo. La nostra storia inizia un giorno di marzo di tanti anni fa.

A quei tempi i termometri
contenevano il mercurio.

Oggi il mercurio è fuori commercio,
troppo velenoso, se viene inspirato,
ma allora la febbre veniva misurata
osservando la variazione del metallo
dentro un tubo di vetro chiuso.

Il metallo con cui si misurava
la febbre ha lo stesso nome del dio
Mercurio, figlio di Giove, messaggero
degli dei, dio dei sogni e delle invenzioni.

Mi sono sempre piaciuti i miti.
Sono i miti che ci mostrano i fili
che ingarbugliano la nostra vita.

Furbo e potente, il dio Mercurio
era anche il dio degli inganni.

Quando il termometro mi scivolò
dalle mani e cadde a terra, le palline
di mercurio rotolarono sul pavimento
di legno come argento vivo.

La mamma, comparsa all'improvviso sulla porta della stanza, disse che nella camera c'era abbastanza mercurio per morire avvelenati: respirarlo sarebbe stato causa delle più spaventose tragedie. E senza nessun indugio e con furore improvviso, aprì la finestra per cambiare aria, nonostante io fossi a letto con quasi trentanove di febbre.

Fu solo dopo avere cercato di domare l'inquietudine, correndo avanti e indietro per tutte le stanze della casa, e avere finalmente trovato su un ripiano polveroso della libreria un libro che illustrava come difendersi dagli incidenti domestici, che mia madre raccolse le palline facendole scivolare su un foglio di carta, che poi ripiegò con molta attenzione e chiuse dentro un sacchetto.

– Porto il mercurio in farmacia! – gridò, sbattendo con furia la porta di casa.

Restai sola con la febbre alta
e la finestra spalancata.

Non avevo niente di più
di un'influenza, ma la testa mi faceva
molto male, pulsava, e nelle orecchie
avvertivo i più fastidiosi ronzii, fruscii,
scricchiolii, che si potessero udire.

Non passò molto tempo prima
che tutto accadesse.

Quando mi convinsi di essere
fuori pericolo e ormai lontana
da ogni vapore mercuriale,
chiusi gli occhi per riposare.

Forse fu il vento freddo che mi fece
rintanare sotto le coperte, forse
fu il suo bastone che produsse in me
un dolce torpore, ma a un tratto
sentii la testa più leggera e tra i brusii
che piano piano scemavano, lo vidi.

Era un ragazzo: indossava sandali
con due piccole ali ai lati, un cappello

a falda larga e in mano stringeva un bastone di legno, attorno a cui erano intrecciate due serpi d'oro.

– Il bastone magico che fa addormentare – mi disse con un sorriso cordiale.

– Chi sei? – chiesi.

– Sono Mercurio – rispose.

– Mercurio?! – domandai incredula.

– Sì, non mi riconosci?

Restai in silenzio per alcuni istanti. A terra, sul pavimento accanto al mio letto c'era ancora qualche scheggia di vetro del termometro andato in frantumi, ma nessuna traccia del metallo di cui lui diceva di condividere il nome.

Nonostante la situazione fosse piuttosto insolita e mi chiedessi da dove fosse giunto quel bizzarro ospite, non mi spaventai.

Era possibile che la mamma, agitata com'era, avesse lasciato la porta aperta e che il ragazzo fosse entrato confondendo il nostro appartamento con quello di un vicino.

Volevo domandarglielo, quando Mercurio si volse verso la mia scrivania e iniziò a estrarre foglietti di carta da una grossa borsa che portava a tracolla, per disporli sul tavolo e riporli subito dopo nella stessa borsa di stoffa pesante.

Notai che dava ai foglietti solo un'occhiata veloce, scuotendo a tratti la testa pensieroso. Mercurio aveva smesso di sorridere.

– C'è qualcosa che ti preoccupa? – domandai.

– Sì, questi messaggi non hanno niente di divino.

– Divino? – chiesi stupefatta.

Non compresi subito quello
che intendeva; ma quando mi disse,
con un ghigno di autentica presunzione,
che lui era il figlio di Giove,
il re dell'Olimpo, e che era
il messaggero degli dei, fu allora
che restai senza fiato per la meraviglia.

– Niente di divino – ripeté. – Niente
di angelico. Nessuno squillo di tromba
per annunciare ciò che le persone
mi chiedono di recapitare!

Mentre parlava, Mercurio muoveva
a ritmo i piedi, facendo frullare
le piccole ali dei sandali.

– Sì, nessuno squillo di tromba! –
sospirò ancora lui. – Ma è così che
si annunciano i messaggi che giungono
dal Cielo e dalla profondità della Terra.

Il vento era cambiato.

Dalla finestra rimasta spalancata
un soffio tiepido agitava le tende
e i quaderni posati sulla mia scrivania.

– Io sono arrivato fin qui per portare
messaggi che sconvolgano il mondo:
noi siamo fatti della stoffa
dei nostri sogni. Come ti chiami, cara?

– Claudia.

– Claudia? Bellissimo nome! –
esclamò Mercurio. – Finalmente
ho trovato qualcuno che zoppica.

Disse così e dalla borsa rimasta
aperta i foglietti di carta presero
a turbinare per tutta la stanza.

2

PENSAVO di avere sognato, ma Mercurio era ancora lì: sedeva alla mia scrivania, sorridendo con molta cordialità.

Sorrise anche alla mia mamma, quando lei me lo presentò.

– Ti presento Mercurio – disse. – È il nostro nuovo custode. Sono stata io a chiedergli di non lasciarti sola, mentre andavo in farmacia.

Mercurio allungò la mano per stringere la mia.

– Ci siamo già presentati! – esclamò.

Notai che si era tolto il cappello e che sotto i sandali indossava calze di lana che non avevo notato prima.

– Il nuovo custode? – chiesi perplessa. – Così giovane? E ti chiami Mercurio come il metallo del termometro?

– Come il figlio di Giove, vorrai dire! – rispose lui. Poi sorrise. Mi guardò a lungo mentre sorrideva. – Per distribuire la posta e per sapere sempre chi va e chi viene, non c'è nome migliore! – aggiunse.

– Non ti stupire, Claudia – intervenne la mamma. – Lui inganna, sembra molto più giovane di quello che è.

Mercurio guardò me, guardò la mamma, guardò di nuovo me. Poi si chinò e raccolse i foglietti che l'improvvisa folata di vento aveva sparso a terra.

Fu allora che mi accorsi che non si trattava di foglietti, ma di buste di ogni dimensione e colore su cui a mano erano stati scritti nomi e indirizzi.

– La posta! – esclamò Mercurio, che aveva seguito il mio sguardo.

– La posta, Claudia! – ripeté la mia mamma.

– Quando ti sentirai meglio potrai aiutarmi a distribuirla – aggiunse lui.

Restai senza parole. Noi non avevamo mai avuto un custode. La posta era sempre stata distribuita dal postino. E nessuno del nostro piccolo caseggiato aveva mai avuto bisogno di un guardiano che sbarrasse il passo agli sconosciuti.

Insomma non abitavo in un condominio di città e neppure in un complesso residenziale dove c'erano sbarre o sentinelle pronte a fermare gli estranei.

Vivevo in una vecchia cascina, divisa in piccoli appartamenti, in un borgo di case al limitare del bosco, dove non c'erano né mura né fortezze medievali. E non c'erano neppure garitte di vedetta, in legno o mattoni, dotate di feritoie per proteggere custodi o guardie, seppure armati solo di bastoni d'oro e serpenti intrecciati.

Pensai a uno scherzo.
A un altro inganno di Mercurio, che non solo sembrava un ragazzo di pochi anni più grande di me, ma anche uno a cui piaceva molto scherzare e prendere in giro le persone.

La febbre stava aumentando.

La mamma chiuse la finestra e uscì dalla mia camera accompagnata da lui, che la seguiva salutandomi.

– A presto, a presto! Arrivederci!

Udii la porta di casa aprirsi e poi lo scatto metallico della serratura che la richiudeva.

Stavo per riaddormentarmi quando vidi Mercurio rientrare nella stanza.

Alzò il cappello in segno di saluto.

– Perché sei tornato?

Non mi rispose: sorrideva in silenzio.

– Perché dici che zoppico? – gli chiesi allora.

Mi girava ancora la testa per la febbre, ma scesi dal letto. Desideravo mostrargli come camminavo bene, quando una scheggia di vetro del termometro, che si era nascosta chissà dove, mi ferì il tallone, facendomi sanguinare.

– Lo vedi: zoppichi Claudia, claudicante. Tutte le persone che si chiamano Claudia sanno zoppicare. Ma è la loro fortuna, perché quando occorre camminano piano e non scappano – disse Mercurio, sfiorandomi il piede con il suo bastone magico. – Sono tornato per dirtelo e per salutarti di nuovo.

– Salutarmi di nuovo?

– Augurarti la buona salute! – rispose.

Infine Mercurio uscì.

Mi ributtai sul letto: il tallone non sanguinava più.

3

LA FEBBRE durò ancora qualche giorno. Scemò piano piano, come il freddo dell'inverno, mentre le giornate si facevano sempre più lunghe e tiepide.

Eravamo a marzo e Mercurio aveva preso posto in una vecchia guardiola che per anni era stata adibita a stanza degli attrezzi e che ora, arredata con un letto, un tavolo, qualche sedia e una minuscola cucina da campo, era diventata un alloggio di fortuna per chi non aveva intenzione di fermarsi a lungo. Si trovava all'entrata del cortile, dove si affacciavano i ballatoi degli appartamenti del mio caseggiato.

Dietro, a nord, lì dove scendeva, anche in estate, il vento freddo

delle montagne, c'era il bosco
con i suoi frutti: funghi, aglio orsino,
ortica, tarassaco, noci, castagne.
In tutte le stagioni erano molti
i cacciatori senza fucili che cercavano
piante buone e frutti maturi sugli alberi
e tra l'erba del prato.

Mercurio, dalla finestrella
della guardiola o in piedi, davanti
al portone del caseggiato, salutava
i passanti, alzando e abbassando
il cappello in segno di rispetto.
Poi tornava alla sua borsa, sempre piena
di messaggi da consegnare.

Sembrava provare un ineffabile
piacere nell'osservare a lungo
le cartoline con poche parole o le buste
che dovevano contenere lunghe lettere
di uno o più fogli.

Indugiava nel gioco di mescolare
e poi disporre in file per colore
e dimensione la corrispondenza
da recapitare.

Anche i francobolli lo seducevano con il loro fascino.

Vidi più volte Mercurio che li osservava a lungo e poi li staccava con il vapore acqueo e un taglierino per riporli in un'altra borsa, che nascondeva in un cassetto del tavolo. Erano gesti furtivi, da ladro.

Non ricordavo che, prima dell'arrivo di Mercurio, il postino avesse mai recapitato così tanta posta o che avesse consegnato lettere o cartoline senza francobolli.

Quando vidi per la prima volta Mercurio, seduto al tavolo della guardiola, scuotere ancora la testa pensieroso, come aveva fatto in camera mia, mentre contava e mescolava le buste come fossero carte da gioco, chiesi di nuovo:
– Niente di divino?

– Sì, niente di divino – rispose lui.

C’erano molte altre cose
che desideravo domandargli:
da dove fosse giunto, se avesse
già svolto quel lavoro, persino
se fosse davvero il figlio di Giove.

Per quanto bizzarra fosse
quella ipotesi, non era da escludere
che suo padre si chiamasse così,
ma lui improvvisamente esclamò:
– Zoppichi anche oggi Claudia?

Era una fissazione, la sua.

Volli allora fargli vedere subito
che camminavo senza impedimenti,
che correvo e saltavo. E lo feci
entrando e uscendo più volte
dalla guardiola, attirando
la sua attenzione e ridendo.

Ma durante quella esibizione, fui
preda di un attacco di tosse, postumi
della influenza appena passata, persi
la scarpa destra che avevo allacciata
malamente al piede, e iniziai a zoppicare.

Zoppicai, come aveva predetto lui,
facendo lunghi passi claudicanti
con una scarpa sola e un piede scalzo.

Mercurio sorrise. – Chi zoppica
non scappa! – esclamò.

Sorrise di nuovo mentre lo diceva,
poi abbassò gli occhi e tornò
a mescolare la posta.

D'un tratto io ebbi l'impressione
che non l'avrebbe mai recapitata.

Anche la mia mamma lo aveva detto:
– Da quando è giunto Mercurio
nessuno ci ha più scritto.

Non era una pessima notizia:
non erano arrivate neppure
le bollette della luce e del gas.

4

RECUPERAI la scarpa perduta e uscii dalla guardiola per tornare a casa. Camminavo con passo spedito. Non zoppicavo e speravo che Mercurio mi vedesse mentre attraversavo il cortile e salivo i primi gradini della scala, per giungere al primo piano, dove abitavo.

Lo avevo lasciato intento a sfilare dalla borsa nuove buste, ma avevo l'impressione che si sarebbe girato a guardarmi mentre mi allontanavo e che avrebbe continuato a seguirmi con lo sguardo, uscendo dalla guardiola.

Mi ero sbagliata: quando mi volsi per salutare ancora Mercurio e verificare il suo interesse per me, non lo vidi. Allora tornai indietro, camminando piano per non farmi sentire.

Era mattina, ero guarita,
ma la mamma aveva voluto che
stessi ancora a casa.

– Qualche giorno di convalescenza
prima di tornare a scuola per evitare
le ricadute – aveva detto.

Nel cortile non passava nessuno,
si udivano solo echi di voci
che giungevano dalle finestre socchiuse
o dai balconi: qualcuno scuoteva
una tovaglia o sbatteva un tappeto.
Bambini piccoli frignavano
e chiamavano la mamma.
Nella guardiola, Mercurio
aveva acceso il piccolo fornello da campo
e scaldava l'acqua in una pentola
di alluminio.

Lo osservai in silenzio, spiandolo
da una finestrella senza che lui
desse segni di essersi accorto di me.

Mercurio attese che l'acqua bollisse
e che dalla pentola senza coperchio

si sprigionasse abbastanza vapore.
Allora prese dalla borsa alcune buste
lunghe e azzurrine e le fece scorrere
sul getto di vapore acqueo
per sciogliere la colla.

Quando le buste furono
tutte aperte, estrasse le lettere
che vi erano contenute e le dispose
sul tavolo.

Ero troppo curiosa per resistere:
mi affacciai alla porta.

– Cosa fai? – gli chiesi.

Mercurio non rispose.
Iniziò a leggere, senza curarsi di me.
Leggeva a voce alta. Erano lettere
private e mi stupii che lui le leggesse
senza provare il minimo disagio.
Scuoteva solo a tratti il capo,
come faceva sempre, per disapprovare
i messaggi che lui non riteneva
abbastanza divini o angelici.

La prima lettera che Mercurio lesse era una lettera d'amore: un Lui scriveva a una Lei dichiarandole di avere il cuore spezzato, perché Lei non gli sorrideva mai.

Lui descriveva il dolore che provava nel sentirsi rifiutato, ma non disperava, la speranza è l'ultima a morire, anche se a volte è la prima ad ammalarsi, scriveva e ripeteva più volte con immutato ardore.

Chiedeva un appuntamento sotto la statua a cavallo della piazza del paese. Come segno inconfondibile di approvazione, avrebbe atteso che Lei indossasse una camicetta rossa.

"Sotto la statua, mezz'ora dopo l'uscita da scuola. Tu indosserai la camicetta rossa e io allora ti farò un cenno con la mano, così come un cavaliere farebbe a una dama" scriveva.

Lui era un mio compagno,
lo riconobbi subito dal nome con cui si firmava. E Lei era la ragazza più bella della scuola. Erano tutti innamorati di Lei, ma Lei non amava nessuno.

5

MERCURIO fu irremovibile. – Inutile mandare messaggi d'amore a chi non li sa apprezzare – annunciò.

Non ci fu modo di dissuaderlo: inutile anche dirgli che quello che stava per compiere non era un atto divino, ma piuttosto l'azione di uno che non si comportava come fosse il figlio di Giove.

Mercurio si voltò, mi guardò negli occhi per qualche istante e, con un improvviso ghigno sinistro, spostò la pentola e bruciò tutte le lettere che aveva letto sul fuoco del fornello. Quella del mio compagno e le altre tre che, come la prima, parlavano di amori impossibili o non ricambiati.

– Insignificanti lagne – aggiunse.

cuore
Ti amo amore
Ti amo
cuore
Ti amo amore
amore cuore
Ti amo
Caro amore mio

Più che un custode capace di suonare trombe angeliche, Mercurio si muoveva con lo stesso impeto e gli stessi gesti di un diavolo, tanto rideva e si infiammava alla vista dei fogli che diventavano cenere.

– Non te la prendere! – disse infine con molta serietà. – Lettere come queste non servono a nulla.

Allora pensai al mio compagno di scuola e a tutte le volte che la ragazza di cui era innamorato avrebbe indossato una camicetta rossa, senza conoscerne il significato.

Immaginai lui emozionato, ancora più infiammato della sua lettera, correre in piazza ad aspettare lei sotto la statua a cavallo, come un rinato cavaliere della Tavola Rotonda, pronto a sfoderare la spada o a lanciare il suo destriero per difendere la sua dama da chiunque avesse voluto rapirla.

Era un'immagine che faceva sorridere: se fosse stato un vero cavaliere avrebbe dovuto sfidare a duello la scuola intera, perché tutti erano innamorati di lei.

– Proprio così! – esclamò all'improvviso Mercurio. – Un'impresa troppo ardua per un ragazzo solo.

Ero stupefatta. – Leggi nel mio pensiero? – gli chiesi.

– Sono il figlio di Giove, Claudia – rispose lui. – Il messaggero degli dei.

– È per questo che ti senti autorizzato a cambiare il destino delle persone? – lo provocai.

Non fu possibile continuare la conversazione.

Mercurio si chiuse in un silenzio riflessivo. Ripose le buste ancora chiuse nella borsa e uscì dalla guardiola.

Appoggiato al suo bastone, osservava con intensità le montagne e il bosco, come se da uno dei sentieri che scendevano fino a valle dovesse giungere qualcuno che stava aspettando. Ma non giunse nessuno che gli facesse volgere la testa. Passarono alcuni vecchi che avevano raccolto i rami secchi per accendere la stufa e si affrettavano verso casa.

C'erano anche alcune mamme che insegnavano ai figli come tagliare l'ortica senza pungersi le mani.

– Per la frittata, per la frittata! – si sentivano le loro voci dal limitare del bosco.

Mercurio continuò a guardare davanti a sé, ignaro apparentemente di tutto quello che gli stava attorno.

Nonostante quel giorno e anche i giorni a venire io lo incalzassi di tanto in tanto con le mie domande,

non fece più nessun cenno
al contenuto delle altre lettere
che aveva letto a voce alta e che poi
aveva bruciato; non lo fece neppure
dopo molto tempo, quando lui mi
insegnò a vedere l'invisibile.

6

SI ERA ALZATO il vento e il cielo
si era oscurato. Le nuvole avevano
coperto il sole e si rincorrevano
grosse e grigie.

Stava per scoppiare il temporale,
scendevano già le prime gocce,
e ai lampi seguivano fragorosi tuoni.

Ma Mercurio restava immobile
in silenzio a osservare la montagna
e il bosco senza mai fare un cenno
neppure a chi passava correndo
o cercando un riparo.
Continuava a guardare davanti a sé,
come se aspettasse qualcuno
o come se vedesse qualcosa che io
potevo solo immaginare.

All'improvviso, anche se per pochi
istanti, avevo voluto credergli.

Per quanto ardito fosse quel pensiero, Mercurio, messaggero degli dei, poteva essere il figlio del più potente dio dell'Olimpo romano: Giove.

E allora, rincorrendo quella stupefacente idea, mi immaginai che pioggia e fulmini fossero un'aperta provocazione del padre contro il figlio che aveva osato incenerire i messaggi d'amore, senza il suo permesso.

La nostra insegnante, in classe, ci aveva raccontato tante volte come Giove fosse un grande corteggiatore di dee e semplici mortali. Chissà che non fosse proprio Giove, re e signore del Mondo, ad agitare il terribile scudo che mandava lampi per ricordare al figlio che i messaggi d'amore sono sempre sacri, come sacri sono gli dei?

Fantasticai a lungo su quel temporale.

Avevo anch'io un padre in cielo.

Anche se il mio non era un dio dell'Olimpo romano o greco, ma solo un padre che non avevo conosciuto, perché era morto quando ero nata.

Fu in quel momento che sperai che in cielo mio padre fosse diventato l'aiutante di Giove, fabbro così come era stato fabbro in vita, pronto a foggiare nel fuoco le saette per il capo degli dei.

Il vento soffiava ancora più forte e la pioggia scendeva con l'impeto di un torrente inzuppando la terra e trascinando fango giù dai sentieri del bosco.

Eravamo bagnati fradici: finalmente Mercurio si mosse e io lo seguii.

– Con questo tempo è impossibile distribuire la posta! – esclamò lui, entrando nella guardiola.

Lo osservai in silenzio mentre capovolgeva di nuovo sul tavolo le cartoline e le buste che erano nella borsa. Notai che alcune erano affrancate con francobolli molto colorati che raffiguravano animali e alberi di paesi lontani.

Anche i caratteri con cui erano scritti gli indirizzi e i mittenti non erano quelli che conoscevo. Alfabeti di altre lingue e di altri continenti.

– Da dove giungono queste lettere? – chiesi.

– Giungono da tutto il mondo, Claudia. Alle persone piace scriversi, raccontarsi, immaginarsi.

Mi mostrò alcune buste con caratteri che avevo già visto su libri e riviste. Erano caratteri arabi o orientali, segni e ideogrammi indecifrabili per me.

– E tu riesci a capire a chi sono destinate le lettere?

– Sì, io leggo ogni scrittura – disse.

– E allora posso chiederti
a chi recapiterai la posta?
Nel nostro caseggiato nessuno
sa decifrare caratteri simili.

Mercurio mi guardò. – Sono lettere in anticipo – rispose.

– In anticipo?

– Un giorno tutti avranno
carte geografiche, mappe dettagliate
di ogni paese e città del mondo.
E dizionari per tradurre o traslitterare
da soli lingue o caratteri come
gli ideogrammi giapponesi o cinesi.

– Un giorno?

– Un giorno, sì, cara Claudia. E allora i messaggi voleranno, avranno le ali come me, e i francobolli non serviranno più.

– È per questo che li rubi?

– Sì, li rubo e li colleziono.

Mercurio estrasse il taglierino da una tasca e iniziò a sollevare uno dopo l'altro tutti i francobolli, che aveva già in parte scollato con il vapore acqueo. Lo fece con molta cura senza danneggiare i dentini. Ogni tanto scoppiava a ridere, con un ghigno oscuro che metteva i brividi.

Volevo guardare con più attenzione, osservare Mercurio, capire cosa avrebbe fatto con i francobolli, ma lui all'improvviso li nascose nel cassetto e ripose ogni missiva nella borsa.

Io avevo molto freddo, iniziavo a tremare, sapevo che non mi avrebbe

detto più niente, così lo salutai
e corsi a casa.

La mamma si spaventò molto
quando mi vide tanto inzuppata
di pioggia: avrebbe voluto misurarmi
la febbre, ma il termometro si era rotto.

7

– SCOTTI – disse la mamma, posandomi il palmo della mano sulla fronte. – Devi tornare a letto.

Stavo per addormentarmi quando Mercurio suonò alla porta.

– Posta! – gridò, entrando in camera mia. – Posta per te, Claudia!

Erano passati solo alcuni minuti da quando lo avevo lasciato: la mamma gli aveva aperto la porta, felice che la corrispondenza cominciasse a giungere di nuovo.

Mercurio sorrideva con una cartolina illustrata in mano. La stringeva tra le dita sventolandola avanti e indietro così rapidamente da non permettermi di vederne con chiarezza l'immagine.

Nonostante mi girasse la testa per la febbre, io mi alzai a sedere sul letto: desideravo sapere subito chi mi aveva mandato quella cartolina e cosa rappresentava.

Ma Mercurio sembrava divertirsi molto: mi mostrava la cartolina e poi subito la nascondeva dietro di sé.

A nulla valevano le mie proteste. Non facevo altro che dire a Mercurio di consegnarmela, ma lui pareva che volesse solo giocare: saltellava, correva per la camera, scivolava sui sandali alati giungendo ovunque, a ogni mobile, a ogni angolo della stanza. Persino alla finestra, che un colpo di vento aveva improvvisamente spalancato.

Ebbi la sensazione che la finestra si fosse aperta per permettere a Mercurio di volare via, al frullo dei suoi sandali alati o a cavallo del suo bastone con le serpi intrecciate.

Il temporale era finito e nel cielo le nuvole bianche scivolavano lontane dal sole.

All'improvviso Mercurio mi porse la cartolina.

Sembrava avere fatto un lungo viaggio, tanto era sbiadita e rovinata in alcuni punti.

Ma anche il francobollo era graffiato e scolorito e non c'era nessun timbro postale che ne rivelasse la provenienza.

L'immagine riprodotta sulla cartolina era quella di una statua di marmo: un uomo dal dorso nudo, con un solo drappo che gli cingeva i fianchi, stringeva un bastone a cui era arrotolato un serpente. La stessa statua era raffigurata sul francobollo.

Sul retro, oltre al mio nome e all'indirizzo di casa, c'era solo un breve messaggio:

"Cara Claudia, il tuo nuovo termometro è pronto. Puoi ritirarlo quando vuoi."

Non c'era la firma, ma pensai che il mittente fosse la farmacia del paese, la stessa dove la mamma aveva portato le palline di mercurio.

– Chi è? – chiesi, indicando l'immagine della statua.

– Esculapio, il dio della medicina.

– Ha un bastone che assomiglia al tuo! – esclamai.

Mercurio scosse la testa. – Il mio ha due serpenti e si chiama *caduceo* –. Poi sospirò: – Un bastone con due serpenti porta l'equilibrio tra il sale e lo zolfo.

– L'equilibrio?

– Sì, l'equilibrio tra due veleni.

Pensai che fosse un discorso molto sconclusionato. Ma questo capitò tanto tempo fa e non avevo ancora imparato a vedere l'invisibile.

Continuai a osservare in silenzio la cartolina, cercando di ricordare quello che avevo imparato a scuola sugli dei antichi. Ma la memoria era confusa e di Esculapio non ricordavo nulla.

– Sembra che questa cartolina abbia fatto un lungo viaggio. Eppure la farmacia è solo a un chilometro da qui – dissi dopo qualche istante.

Mercurio fece un saltello. Pareva volesse mettere in moto i suoi sandali alati. Ma poi preferì appoggiarsi al bastone e fare vibrare i serpenti d'oro del caduceo.

– Esculapio è il dio della medicina, ma è anche il protettore delle farmacie

di tutto il mondo. Chissà da dove arriva
questa cartolina! – esclamò.

Poi sorrise, come faceva sempre
prima di annunciare una frase
che secondo lui poteva sconvolgere
chi lo ascoltava.

– Esculapio ti augura di guarire.
Di cambiare pelle come fanno
i serpenti – aggiunse.

8

FUI MOLTO TURBATA dall'augurio di Mercurio. Sperai di non avere la varicella o il morbillo, una di quelle malattie che fanno cambiare pelle.

Allora non sapevo che cambiare pelle significa rinascere. E che si può rinascere ogni giorno se si crede nell'impossibile e nella forza dell'immaginazione.

Ma in quel momento ero ancora percorsa da brividi di caldo e freddo e anche se avevo solo voglia di stendermi per riposare, non potevo fare a meno di osservare la cartolina.

La rigiravo tra le mani, la guardavo con molta attenzione, ma non riuscivo a capire se l'immagine della statua fosse una fotografia o un disegno,

tanto era rovinata, macchiata
e graffiata in molti punti.

Il farmacista o Esculapio, insomma chiunque avesse scritto l'indirizzo e il messaggio per me, aveva invece una scrittura chiara, niente a che fare con le grafie dei medici, spesso illeggibili.

– È un messaggio divino? – domandai a Mercurio. – Non ho udito nessuno squillo di tromba.

Mercurio non rispose: mi guardava in silenzio, appoggiandosi al suo bastone.

Faceva freddo nella stanza.

– Puoi chiudere la finestra, per favore? – gli chiesi.

Mercurio fece qualche passo verso la finestra. – Guarda, Claudia, l'arcobaleno! – esclamò all'improvviso.

Stavo ancora osservando la cartolina. La stringevo tra le mani, quando alzai gli occhi. Nel cielo era apparso un arcobaleno di proporzioni magnifiche. Un arco spettacolare che univa il cielo alla terra.

– Tuo padre Giove deve essersi rappacificato con te! – mormorai.

Mercurio sorrise. Sorrideva sempre anche quando non voleva rispondere.

– L'arcobaleno è un messaggio divino? – gli chiesi allora per provocarlo.

– Chi lo sa? Forse ci indica la strada da qui alla farmacia.

Ebbi la precisa sensazione che Mercurio fosse il più straordinario impostore che avessi mai conosciuto. E mi chiesi come fosse stato possibile affidargli un compito così delicato, come quello di distribuire la posta.

Pensai al mio compagno di scuola
e a tutti i suoi sogni d'amore
finiti in fumo per colpa di Mercurio.
Nonostante la stanchezza, decisi
di deridere quel postino ingannatore.
Se lui, con tutte le sue enigmatiche,
misteriose e oscure parole e azioni,
aveva deciso di prendermi in giro,
potevo prenderlo in giro anch'io.

Tra gli oggetti sparsi sui ripiani
della mia camera c'era una vecchia
trombetta di quando ero piccola.

Mi alzai dal letto con l'intenzione
di suonarla: al messaggio divino
che avevo ricevuto mancava solo
uno squillo di tromba perché fosse
divino come pretendeva di essere.

Persi l'equilibrio infilandomi
le pantofole e giunsi allo scaffale
camminando con una pantofola sola.

– Claudia – disse Mercurio.
– Zoppichi.

– Niente di grave! – lo sfidai. – Solo un'impressione.

Ma avrei voluto gridare: quell'idea di claudicare solo perché mi chiamavo Claudia, cominciava a venirmi a noia.

Preferii afferrare il piccolo strumento musicale e suonarlo con tutta la forza che avevo.

Fu allora che giunse la mamma. Disse che aveva udito uno squillo di tromba e poi il telefono suonare.

– Mi hanno chiamato dalla farmacia. Il termometro non è ancora pronto – annunciò.

Avevo lasciato la cartolina tra le coperte. Con un piede calzato e l'altro scalzo mi avvicinai al letto per prenderla. Frugai tra le lenzuola, spostai il cuscino, rivoltai la trapunta, ma la cartolina non c'era.

– Si è volatizzata? – domandò Mercurio.

La mamma guardò lui, poi me, poi di nuovo lui.

– Cosa state cercando? – chiese.

– Una cartolina. Eccola qui. Pensavo che fosse indirizzata a Claudia, ma mi sbagliavo.

Mercurio stringeva la cartolina tra le dita, come un mago dopo un gioco di prestigio. Con un grande sorriso la mostrò alla mamma.

Il messaggio era lo stesso di prima, anche l'indirizzo era il mio, ma il nome del destinatario era diventato il suo: *Mercurio di Giove* era scritto a caratteri cubitali.

– Ho ordinato anch'io un termometro per te, Claudia – esclamò Mercurio. – È pronto.

9

TRASCORSI alcuni giorni a casa.
Mercurio non recapitò più la posta
e neppure venne a trovarmi.
Nonostante mi chiedessi che fine
avesse fatto e domandassi spesso
alla mamma se lo avesse visto,
fui felice che non avesse intenzione
di somministrarmi come medicina
uno dei suoi trucchi da illusionista.

Quando uscii finalmente di casa
per tornare a scuola, il mercoledì
successivo, passai davanti
alla guardiola, camminando in fretta.

Ero ancora troppo offesa
per girarmi a cercare Mercurio.
Che fosse un impostore era evidente,
che si divertisse a prendermi in giro
era ancora più lampante.

Ma nonostante avessi deciso di fare finta di non vederlo, non potei non volgermi verso di lui quando udii la musica: una melodia lieve, il suono di uno strumento a corde pizzicato con un plettro.

Non avevo mai visto quello strumento antico, se non sui libri di scuola.

– È una lira a tre corde – disse Mercurio.

Suonava davanti alla porta della guardiola, Mercurio suonava e mentre suonava mi sorrideva. Suonava con una tale delicatezza che non potei fare a meno di sorridere anch'io.

– Ben tornata Claudia, oggi ci sarà una festa da ballo! Nella piazza sotto la statua a cavallo. Sono stati invitati tutti i tuoi compagni.
Vieni anche tu?

Non mi permise di rispondere. Mercurio fu talmente veloce nell'estrarre da una tasca un volantino e porgermelo, che riuscii solo ad allungare una mano.

Muta, in silenzio, con il cuore che batteva forte per la sorpresa, lessi che quel giorno, all'uscita da scuola, tutte le ragazze e tutti i ragazzi che avevano già compiuto undici anni erano invitati alla festa in piazza.

Mercurio aveva ripreso a suonare.
– Sarà una bella festa, Claudia – disse.
– I tuoi compagni hanno ricevuto il volantino i giorni scorsi. Si dice che le ragazze desiderino vestirsi di rosso.

Guardai Mercurio, poi il volantino, poi di nuovo alzai gli occhi verso Mercurio. Aveva ragione: sul foglietto che avevo in mano si consigliava alle ragazze di indossare un capo di vestiario rosso: era scritto in fondo alla pagina.

– Allora verrai? – domandò ancora.

Quella mattina i miei vestiti viravano dal blu al verde.

– Non ho nulla di rosso – risposi.

– Ma io ho una busta per te! – esclamò lui.

Era una grande busta arancione, con il mio nome scritto in nero a caratteri cubitali.

– Chi l'ha portata? – chiesi.
– È un altro scherzo?

Mercurio sorrise e, senza rispondermi, con un solo cenno della mano mi invitò ad aprirla.

All'interno, ripiegata più volte, c'era una sciarpa di seta. Rossa.

– Un regalo – disse lui.

Era una bella giornata, la febbre era completamente passata, non avevo fatto i compiti, ma gli insegnanti non interrogavano mai chi era stato malato. Avevo voglia di tornare a scuola per rivedere i miei compagni.

– Grazie. È un regalo per farti perdonare?

– Perdonare per cosa?

– Per lo scherzo di Esculapio! Non fare finta di niente.

La sciarpa era bellissima. Di seta, con perline di tutti i colori che brillavano alla luce del sole. La indossai.

– Ti sta bene – disse Mercurio. – Allora andrai alla festa?

– Non mi hai risposto! – lo incalzai. – E poi devo avvisare la mamma.

CLAUDIA

– Non preoccuparti, Claudia,
le notizie giungono velocemente.
Quando uscirai da scuola ci sarà
tutto il paese. Oggi è mercoledì,
sei sotto l'influsso di Mercurio,
non lo dimenticare, il messaggero
più veloce che c'è in cielo.

Disse "cielo" e fece frullare le ali
dei suoi sandali. Si alzò in volo,
suonando la lira, solo per pochi istanti,
ma lo vidi bene: volava.

Anche se agli squilli di tromba
aveva preferito il suono gentile
di uno strumento a corda, non ebbi
dubbi: un nuovo gioco di prestigio
di un grande illusionista.

10

QUANDO GIUNSI a scuola, scoprii che durante la mia assenza erano stati distribuiti centinaia di volantini e molti erano stati affissi lungo i corridoi. Tutti i miei compagni ne possedevano almeno uno che piegavano e lisciavano in attesa che le lezioni terminassero.

Nessuno seppe dirmi chi avesse stampato e distribuito quei foglietti colorati. Sembrava che li avesse portati il vento lungo le strade, sulle panchine della piazza, tra la merce esposta fuori dai negozi, persino tra i rami degli alberi del bosco.

E nessuno sapeva dire chi avesse avuto l'idea della festa, anche se io avevo compreso subito che si trattava di un altro imbroglio di Mercurio.

Non c'era nessun messaggio divino
sui volantini, lo ammise anche lui
più tardi quando glielo dissi, ma solo
un potere sovrumano che era riuscito
a fare indossare a ogni ragazza un capo
di vestiario rosso e a distrarci talmente
tanto che, durante le lezioni, nessuno
di noi era riuscito a stare attento.
Si parlava solo di balli e musica in piazza.

Nessun effetto ebbero le urla
e le esortazioni degli insegnanti:
c'era un tale caos in classe che era
impossibile concentrarsi su pronomi,
complementi, frazioni o espressioni.

E se all'inizio erano stati
i soliti commenti a farci divagare,
qualche frase sulla noia per il tempo
che non passava mai, a un tratto
noi ragazzi, prede di una agitazione
indomabile e armati di pennarelli
colorati, iniziammo a scrivere
e a disegnare negli spazi vuoti
dei volantini tutto quello
che ci veniva in mente.

Compagne e compagni, persino
i più bravi, quelli considerati
i più diligenti, scrivevano i desideri,
i sogni e i progetti, in balia
di un'esaltazione mai provata prima.
Posso dirlo, eravamo tutti sotto
incantesimo.

Allora non c'erano i telefoni portatili,
neppure i messaggi mandati
via computer, si poteva passare
solo qualche biglietto sotto i banchi,
se si aveva fretta.

Così quel giorno capitò ciò
che nessuno di noi poteva neppure
immaginare. Fummo travolti
dai messaggi.

E se alcuni davano solo un'occhiata
veloce alle parole o agli schizzi
improvvisati dei compagni,
altri condividevano, sottolineando
con molti punti esclamativi quanto
gli piacesse quello che avevano visto
o letto.

Era una febbre, un'intossicazione
da messaggi di ogni tipo, scoppiata
all'improvviso, che si propagava
di compagno in compagna
alla velocità della luce.

Chi proponeva di trasgredire
e invitare alla festa anche i bambini
piccoli, la mamma e il papà, persino
i cani. Chi sognava che ci fossero torte
e pasticcini di crema e cioccolato.

Ma c'era anche chi sognava di ballare
con la ragazza più bella della scuola.
E di essere l'unico a farlo.
E c'era chi invece si chiedeva
chi fosse il ragazzo più bello.

I più coraggiosi raccomandavano
di stringersi forte a tutte e a tutti
durante i balli lenti. I più audaci
disegnavano due bocche
che si davano un bacio.

Non era il giorno di San Valentino,
ma sembrava che lo fosse.

Noi tutti, a testa bassa, con gli occhi chini sul volantino, trascuravamo senza timore gli insegnanti di italiano e di matematica, che per tutta la mattina non fecero altro che alzare la voce e gesticolare per attirare l'attenzione. Nessuno di noi aveva altro interesse se non per i messaggi che si scambiava.

E chi aveva più punti esclamativi si pavoneggiava come se avesse preso un dieci in storia o geografia.

11

IL COMPAGNO che aveva scritto
la lettera finita in cenere,
era il più agitato. Si alzava, si sedeva,
usciva dalla classe con ogni scusa,
tornava, si riaccomodava, si alzava
di nuovo.

Non capiva come mai tutte le ragazze
fossero vestite di rosso e di chi fosse
stata quell'idea che lui pensava
fosse tanto originale. Si dispiaceva,
accennava a una lettera
che aveva scritto, non voleva fornire
maggiori particolari, ma intanto,
commento dopo commento, raccontava
sul suo volantino tutta la storia,
di quanto lui era stato coraggioso
a dichiarare il suo amore, di come lei,
senz'altro per timidezza, non avesse
ancora risposto, ma di come
sicuramente fosse stata colpita

da tanto ardore e di come lui l'avrebbe
conquistata con la sua temerarietà.

Scriveva tutto, messaggio
dopo messaggio, facendo circolare
il volantino tra le mani dei compagni
che, quando lo leggevano, approvavano,
condividevano e scrivevano quanto
gli piacesse scoprire l'intera storia.

Anche se il foglio, fitto com'era
ormai a causa dei commenti scritti
con tutti i colori e le grafie possibili,
non aveva quasi più nessuno spazio
vuoto.

Peccato per la camicia rossa,
aggiunse alla fine lui, quel giorno
non sarebbe mai riuscito a capire
se lei si era vestita di rosso
per compiacerlo o solo per ubbidire
alle regole della festa.

Ma la ragazza più bella della scuola,
quella di cui tutti erano innamorati,
indossava una camicetta bianca.

Lo notammo all'uscita da scuola,
eccitati al punto da dimenticare
quanto fossimo affamati e rinunciare
a tornare a casa per il pranzo,
sicuri di trovare panini e pasticcini,
oltre a tutte le torte che avevamo
disegnato e condiviso.

– Mi piace, mi piace la festa! –
continuavamo a esclamare, mentre
ci affrettavamo uno dopo l'altra
verso la piazza.

E intanto noi ragazze lanciavamo
sguardi di sottecchi alla più bella
e al suo vestito bianco.

Anche i suoi pantaloni erano chiari.
E chiara era la giacca che subito
si tolse quando iniziarono le danze.

Tutti eravamo così accaldati
che felpe e maglie pesanti
furono lanciate sulle panchine,
agli angoli della piazza.

Il mio compagno di scuola, quello della lettera andata in fumo, non faceva che fissare la ragazza in bianco, anche se lei non lo degnava neppure di uno sguardo e, quando si era dato il via alla festa, si era lanciata nei balli, facendo girare la testa a tutti quelli che a turno la invitavano, senza mai sperare in un bis, perché c'era sempre qualcun altro che batteva sulla spalla e pretendeva un giro di danza insieme a lei.

– Anna, Anna! – la chiamavano tutti. E lei a tutti restituiva solo un tiepido sorriso.

Che fosse la più desiderata, Anna lo sapeva bene. Nulla da stupirsi quindi che solo lei avesse ricevuto a casa, nella casella della posta, un volantino su cui era scritto che doveva vestirsi di un altro colore, insomma che dovesse spiccare, come sempre, fra tutte le altre.

Sul perché lei fosse l'unica vestita di bianco, Anna interpretò il fatto dapprima come uno scherzo, ma subito dopo preferì dire, a chi glielo chiedeva, che era un grande onore.

– Eccolo! – esclamò, mostrando il foglietto.

E fu proprio mentre Anna mostrava il volantino che aveva ricevuto, che Mercurio mi salutò.

Sotto la statua a cavallo, con dischi e giradischi, era indaffarato a scegliere le canzoni per farci ballare.

12

MERCURIO non aveva con sé la lira a tre corde, e neppure indossava il cappello a larghe falde. In testa aveva cuffie da disc jockey. Ma quando alzò lo sguardo per sorridermi, notai che il caduceo era appoggiato al basamento della statua e i serpenti intrecciati si muovevano. Pareva che anche loro ballassero.

Forse fu un'allucinazione, guardai più volte in quella direzione. E l'immagine non si ripresentò più.

Ma ne fui turbata.

Mercurio da postino si era trasformato in disc jockey: io allora ebbi la certezza che avrebbe potuto trasformarsi in tutto quello che voleva.

I ragazzi, ma anche le persone che erano accorse attratte dalla musica, si chiedevano chi avesse organizzato la festa e, pur non essendo certi che fosse stato lui, lo ringraziavano lo stesso per avere portato movimento in una piazza dove di solito tutti stavano seduti sulle panchine, immobili come la statua a cavallo.

Io non avevo dubbi: era stato Mercurio a organizzare ogni cosa, a cominciare dai volantini, messaggi poco angelici, ma degni di un ingannatore.

Anche se era molto occupato a cambiare i grandi dischi di vinile, Mercurio non perdeva occasione per alzare gli occhi e farmi cenni di intesa.

Persino il vestito bianco di Anna era un altro scherzo del figlio di Giove, anche se non riuscivo ad afferrarne il senso.

Mentre cercavo di interpretare
questo nuovo inganno, senza sforzarmi
troppo e senza rinunciare a stare
in pista, anche le altre ragazze,
tutte vestite di rosso, si scatenavano
insieme ai compagni in balli che allora
si chiamavano *twist*, *surf*, *boogie*, *shake*.

Come aveva previsto Mercurio,
era molta la folla che si era data
appuntamento attorno alla piazza
per assistere o partecipare
a quella festa a sorpresa.

Tra le molte persone che occhieggiavo,
vicini di casa, negozianti, paesani
che conoscevo solo di vista, persino
bambini piccoli, nonostante la festa
fosse solo dedicata ai ragazzi grandi,
notai anche la mia mamma.
Mi salutava, incitandomi a divertirmi.

Accanto a lei riconobbi il farmacista,
che più di una volta le si avvicinava
per sussurrarle qualcosa all'orecchio.

Mercurio aveva portato giradischi
e casse acustiche e dopo i primi balli
sfrenati aveva iniziato a farci ballare
anche una lunga sequenza di lenti.

E furono proprio i lenti a capovolgere
la situazione.

La ragazza vestita di bianco, Anna,
si rifiutò di ballare al ritmo
di una musica che l'avrebbe stretta
ai suoi mille corteggiatori.

– Io non vi abbraccio – disse.
E andò a sedersi su una panchina
tra felpe e giacche.

Nessuno riuscì a convincerla,
neppure il mio compagno a cui, dopo
la lettera, anche il cuore stava andando
in fumo.

Ma tutte noi compagne, viceversa,
ballammo ogni lento, con le gambe
che si muovevano piano e il cuore
che ci frullava, belle e splendenti,

vestite di rosso, colore che donava a tutte.

E se un dio partecipò alla festa, quello fu Cupido con arco e frecce, perché furono molte le coppie che si formarono quel giorno, anche se eravamo poco più che bambini, e così furono molte anche quelle che si sciolsero subito dopo.

– All'improvviso, Claudia, tu e le altre li avete fatti tutti innamorare! – fu il commento di Mercurio, quando la festa finì e io, accaldata e raggiante per i tanti balli e le tante risate, tornai a casa.

– Credo che sia stato anche merito della musica, che fa sognare – aggiunse lui. – Musica nostalgica. È con la musica lenta che la febbre cresce di più!

In mano Mercurio non aveva la lira, ma un pacchettino per me.

– Ecco il tuo termometro, Claudia – disse. – Lo hanno appena recapitato dalla farmacia.

Fu allora che notai la carta leggera in cui era avvolto. Era la carta della farmacia con cui venivano avvolte sempre le medicine. Sulla carta era raffigurato un bastone con un serpente attorcigliato.

Restai senza fiato.

Non me ne ero mai accorta prima: il simbolo della farmacia era il serpente di Esculapio.

– Anche tu stai cambiando pelle, Claudia – disse Mercurio, consegnandomi il termometro.

13

ALLA FESTA non c'erano state
né torte né pasticcini
come qualcuno aveva sperato.
Ma balli, risate e molti batticuore.

E anche se l'amore durò poche ore
o pochi giorni, fu così emozionante
sentire l'incantesimo della bellezza
pervadere ogni cosa. Tutto è luminoso
quando si è innamorati e tutto è buio
quando l'amore finisce o ferisce.

– Allora ci resta la nostalgia! –
disse Mercurio, a cui avevo confidato
i miei pensieri. – Hai ballato bene –
aggiunse.

Era sabato pomeriggio, erano
già trascorsi alcuni giorni
dalla fine della festa.

– Peccato – disse ancora. – Non hai zoppicato e non hai perso la scarpetta come Cenerentola. E così non hai trovato l'amore della tua vita.

Risi, mi erano bastati solo tre balli lenti con lo stesso ragazzo, per sentirmi innamorata. Ed era bastato un nuovo ballo frenetico, uno shake, per perderlo di vista tra la folla e scordarlo nel giro di pochi minuti.

– Niente nostalgia, quindi? – ribatté Mercurio. – Niente febbre d'amore?

– No! – risi ancora io. Non era tutto vero. Mi ero sentita ferita solo per pochi secondi e il buio dell'amore rifiutato era svanito con la stessa velocità con cui lui mi aveva abbandonato per un'altra ballerina. Ma poi ci avevo ripensato a lungo, al chiuso della mia stanza, prima di addormentarmi, sentendomi percorrere ancora da brividi che sembravano di febbre.

Più immaginavo quei balli lenti, più l'immaginazione mi faceva apparire il mio compagno di danze bello e pieno di promesse per me. E più l'immaginazione aumentava, come insinuava Mercurio, più anche la nostalgia per lui cresceva.

Si chiamava Lorenzo e a un tratto preferii scordarlo: il termometro che Mercurio mi aveva consegnato era finito nell'armadietto dei medicinali e io temevo una nuova febbre.

Quel sabato pomeriggio, nella guardiola, la borsa di Mercurio ancora chiusa attendeva una decisione: era abbastanza gonfia per lasciare immaginare anche quante lettere e cartoline aspettassero di essere recapitate.

– Non consegni la posta? – chiesi.

Mercurio non rispose subito. Era diventato di nuovo pensieroso.

– È nella mancanza che si nutre il desiderio! – esclamò dopo un lungo silenzio. – La posta può aspettare.

– Aspettare? Quanto?

– Il tempo necessario.

Disse "tempo", intendendo "ore, giorni o anni", ma io pensai a "tempo", come "tempo meteorologico", e temetti che dal cielo piovessero ancora fulmini e saette.

– Oggi è una bella giornata di sole, mi piacerebbe passeggiare nel bosco e non vorrei che tuo padre Giove, che ha lampi negli occhi e tuoni nella voce, si adirasse troppo con te! – esclamai.

– Perché non consegno subito la posta? – sorrise Mercurio.

– Sì – annuii io.

– Allora chiudo la guardiola e ti accompagno. Posso sempre fare un incantesimo al cielo con il mio caduceo. Anche a mio padre Giove piacciono molto gli arcobaleni.

Afferrò la borsa e chiuse la porta.

Quando ci inoltrammo lungo il sentiero che si inerpicava nel bosco, Mercurio infilò la borsa a tracolla.

– Pensi di consegnare la posta agli alberi? – gli chiesi, sorridendo.

– Penso di gettarla nel torrente! – rispose lui.

14

CAMMINAVAMO insieme in silenzio, con il vento freddo della montagna che ci sferzava sul viso. Si udiva il calpestio dei passi sulle foglie secche. I miei scarponcini lasciavano le impronte lungo il sentiero, ma i sandali alati di Mercurio non lasciavano orme neppure dove il terreno era più umido.

Solo il caduceo tracciava con la punta una lunga linea di piccoli fori, dentro cui mi figurai si sarebbero rintanate tutte le minuscole creature della terra.

Mercurio e io camminavamo salendo lentamente lungo la mulattiera che si inerpicava tra castagni e robinie fino al grande prato. Ci facevano compagnia i passeri e i fringuelli che cantavano sui rami illuminati dall'ultimo sole.

Nascosto da rovi e felci, il torrente scorreva verso valle. Si udiva forte il suo gorgoglio argentino.

Quando giungemmo al pianoro, proposi a Mercurio di sederci per terra, tra fili d'erba, primule gialle e vecchie foglie di castagno: da lì potevamo ammirare il panorama del paese visto dall'alto.

Era un piccolo paese il mio, con la grande piazza, l'edificio scolastico moderno, il borgo con l'antica cascina dove abitavo io e le strade con le altre case che dall'alto sembravano raggi rotti di una vecchia ruota di bicicletta.

Sulla costa della montagna si vedeva il torrente tracciare un lungo serpente tra gli alberi e i cespugli per arrivare a valle, al vecchio lavatoio di pietra.

Mercurio sedeva accanto a me,
la borsa ancora a tracolla.

La borsa, gonfia per le tante lettere
che custodiva, mi incuriosiva
e nello stesso tempo mi inquietava.
Mi chiedevo quali lettere,
quali messaggi vi fossero nascosti
e quali fossero le intenzioni di Mercurio.

Così, seppur turbata, fui felice quando
lui la aprì e iniziò a sparpagliare
le buste sul prato. Ma fui ancora
più sconcertata, quando vidi che
le buste erano tutte bianche
senza mittente e senza destinatario.

– Hai cancellato tu gli indirizzi? –
domandai.

Come prevedevo, Mercurio
non mi rispose, mi permise di osservare
le buste, di tenerle in mano e di girarle
come volevo. Ma non consentì che io
le aprissi né che leggessi le lettere
che vi erano contenute.

Fu lui ad aprire le buste una per una con il taglierino, davanti a me che lo osservavo, sempre più disorientata, e poi a piegare e ripiegare i fogli delle lettere, dando loro la forma di tante barchette di carta.

– Pronte per navigare e arrivare a destinazione – disse.

E fu sempre Mercurio a raccogliere le barche, una dopo l'altra, e a portarle dove il prato si restringeva e il torrente iniziava la sua discesa più ripida verso il vecchio lavatoio.

Erano molte, con lo scafo e la vela, su cui si intravedevano alcune frasi scritte con grafie di ogni forma e colore. Riuscii solo con occhiate rapide, date qua e là, a leggere alcune parole:

"Ti penso sempre."
"Ti aspetto."
"Tanti saluti a te e alla tua famiglia."

"Il contratto è stato stipulato."
"Felicitazioni per la nascita del tuo bambino."
"Il vestito verde sarà pronto lunedì prossimo."
"La farina di castagne è ottima per preparare il pane."

Non tentai di protestare e neppure di fermare Mercurio: sapevo che non ci sarei riuscita.

Con una mano Mercurio gettava le barche nel torrente, con l'altra stringeva il caduceo.

Era il bastone del messaggero degli dei, il bastone che, secondo Mercurio, poteva portare l'equilibrio tra il sale e lo zolfo, ma che forse, come io sospettavo, poteva solo portare scompiglio.

– Le lettere non arriveranno mai! – riuscii a dire con un filo di voce.

– Oh, se è per questo... – rispose Mercurio. – Mi pare che non ci fosse l'indirizzo neppure sulle buste! Ma i messaggi che invio io arrivano sempre, Claudia.

Il sole stava tramontando, desideravo tornare a casa prima che facesse buio.

Sentivo che quello che stava accadendo era molto più di un orribile scherzo e a un tratto ebbi paura.

Paura di Mercurio. Paura del suo potere magico. Paura che con qualche diabolico trucco potesse fare scomparire anche me, come aveva fatto scomparire gli indirizzi sulle buste.

15

MI MISI a correre. Il sole stava per tramontare. Conoscevo così bene il bosco che avrei potuto attraversarlo anche di notte, se fosse stato necessario. Ma dovevo correre, approfittare dell'ultima luce per non indugiare davanti ai tanti piccoli viottoli che incrociavano il sentiero.

Volevo allontanarmi da Mercurio, di cui improvvisamente temevo con terrore i poteri diabolici. Di divino in lui non c'era nulla, mi ripetevo, mentre avvertivo che, con la paura, mi stava crescendo anche la febbre: brividi di freddo e caldo lungo tutto il corpo e gambe molli che cedevano.

Più di una volta corsi il rischio di scivolare, mentre saltavo le grosse

pietre che, in alcuni tratti, facevano
da gradini alla discesa.

Quando mi volsi per controllare
se Mercurio mi stesse seguendo,
vidi che non c'era. Continuai a correre,
sbandando, inciampando,
con il fiatone grosso e la paura
che mi attanagliava, rendendomi
rigida e maldestra nei movimenti.
Avevo la sensazione che una forza
sovrumana mi stesse per raggiungere.

Mercurio non era solo un giocoliere
capace di effetti speciali,
ma un mago, capace di qualsiasi
sortilegio e incantamento.

Quando lo vidi davanti a me,
appoggiato al tronco di una quercia,
ne ebbi la certezza.

Mercurio mi aveva preceduto perché
sapeva volare e il sole si era fermato
per lasciarlo passare.

Nonostante fosse l'ora del tramonto, il bosco era ancora chiaro e gli uccelli cantavano come in pieno giorno.

– Perché sei scappata? – mi chiese Mercurio. Stava di fronte a me e mi sbarrava il passo.

– Perché ho paura di te – mormorai.

– Ne sono felice. Solo le persone coraggiose hanno paura. C'è una grotta oltre la quercia, desidero mostrarti qualcosa, Claudia – rispose lui.

Era serio come non lo avevo mai visto. Mi fissava e non sorrideva.

Lungo il sentiero, in quel tratto, c'erano solo cespugli spinosi. Nessuna scorciatoia o mulattiera che mi permettesse di deviare strada e fuggire via.

Ero atterrita.

– Perché vuoi condurmi
in una grotta? – chiesi.

I serpenti intrecciati del suo caduceo
mi terrorizzavano quasi più di lui.
Stavo per scoppiare a piangere.

Con gli occhi velati mi guardai
attorno. Speravo che qualcuno,
una delle tante persone che entravano
nel bosco a raccogliere le erbe o solo
a fare una passeggiata, sbucasse
dall'alto della montagna e venisse
ad aiutarmi. «Aiuto!» implorai
dentro di me, pronta a fuggire,
a ritornare sui miei passi. A giungere
fino in vetta se fosse stato necessario.

Fu allora che ebbi di nuovo
la percezione che Mercurio leggesse
nel pensiero.

– Non scappare, c'è una persona che
ha scritto un messaggio per te. Seguimi,
Claudia – disse.

Pronunciò il mio nome e io inciampai in una pietra. Mi ero fatta male.

Feci qualche passo, zoppicavo: la caviglia mi doleva talmente tanto che riuscivo a muovermi solo trascinando il piede.

– Seguimi, Claudia – ripeté con dolcezza Mercurio, sfiorandomi il piede con il caduceo. – Chi zoppica cammina piano e non fugge via.

Volevo fermarmi, sedermi dov'ero, restare immobile. L'ultima cosa che desideravo fare era seguirlo. Non avevo dubbi, era un negromante, un incantatore diabolico pronto a confondermi con ogni stregoneria.

Ma a un tratto mi misi a camminare lentamente.

Se era la sua forza sovrumana ad attirarmi verso Mercurio come una calamita o la paura che da sola, con il piede quasi immobilizzato, non sarei più riuscita a uscire dal bosco, non so.

Neppure ora che sono passati tanti anni e ripenso all'emozione crescente di quella giornata, riesco a darmi una risposta precisa.

Ma in quell'istante, ignara di ciò che stava per accadere, avvertivo solo brividi di febbre e di terrore.

– Io sono il messaggero degli dei! – esclamò all'improvviso Mercurio, con una voce che pareva un canto. – Porto solo messaggi angelici.

Dietro la quercia, tra i fitti cespugli spinosi, si snodava uno stretto sentiero, che non ricordavo. La caviglia si stava gonfiando. Mercurio faceva strada con il suo bastone.

– Coraggio, Claudia! – ripeteva. – Apro io il passaggio.

16

DELLA GROTTA avevo sentito parlare tante volte. Un tempo, quando nella valle pascolavano le pecore, la grotta veniva utilizzata per stagionare il formaggio. Allora erano in molti ad aiutare a trasportare le grandi forme di formaggio attraverso i sentieri del bosco.

«Anche il tuo papà aiutava», mi aveva detto la mamma. Lei mi parlava spesso del papà che non avevo conosciuto. «Era amico di un pastore che possedeva pecore e capre: per lui aveva costruito le mensole di acciaio inossidabile su cui disporre le forme.»

La caviglia mi doleva ancora molto: non era stato facile infilarmi nello stretto cunicolo buio che portava alla caverna.

Quando vi entrai insieme a Mercurio, mi stupii di trovarla completamente spoglia. Non era rimasto nulla di quel tempo passato.

Come se avesse previsto ogni cosa, Mercurio aveva una torcia dentro la borsa. Era una torcia da speleologo, di chi era abituato a scendere sotto terra. Era montata su un caschetto giallo da lavoro.

Tolse il cappello a larghe falde e indossò il casco, muovendo il capo. Mentre illuminava la cavità in cui ci eravamo calati, Mercurio mi mostrava le pareti.

– Guarda, Claudia – mi ripeteva, muovendo la luce lungo i muri scoscesi e umidi, che dovevano essere stati erosi dall'acqua in tempi antichi, tanto numerose erano le faglie e le fratture della roccia.

– Guarda, Claudia – ripeteva.

Io guardavo, seguivo la luce,
ma avevo male alla caviglia e mi girava la testa.

Non era solo la febbre e la paura a rendermi inquieta. Erano anche i serpenti intrecciati sul caduceo magico di Mercurio nascosti nel buio a procurarmi quel misto di terrore e torpore, come se terrore e torpore potessero, per uno strano incantesimo, essere presenti nello stesso istante. Avevo paura, ma anche sonno.

E Mercurio, alla luce della torcia, sorrideva. Nella borsa, Mercurio custodiva la lira.

– Ci sono più messaggi nel buio che nella luce! – esclamò.
– Più messaggi divini.

Lo disse senza squilli di tromba, ma pizzicando all'improvviso nell'oscurità le tre corde del suo strumento.

Ora so cosa volesse dire, ma allora, se non fosse stato per quella sensazione di sonno, simile al dormiveglia, che mi stava inondando, merito forse del bastone di Mercurio che addormenta o del poco ossigeno contenuto nella cavità della terra, il terrore avrebbe preso il sopravvento e, seppur zoppicando, avrei cercato di nuovo di scappare.

Mercurio mi mostrò quello che era scritto in un angolo, dove la camera della grotta si faceva più bassa e dove era rimasto un gancio di ferro e, da alcuni segni netti, si poteva intuire la presenza antica di una mensola.

E muovendo la luce lungo le pareti, Mercurio mi pregò di avvicinarmi per leggere bene; io guardai perché, per nessuna ragione, avrei potuto chiudere gli occhi.

– Ecco un messaggio divino – aveva detto lui.

17

"CARA CLAUDIA, sono felice che tu sia nata. Ti auguro una vita piena di coraggio."

Il messaggio era stato scritto in stampatello con una vernice dorata in un angolo della parete della grotta. Mi ero avvicinata per leggere e notai che la frase era graffiata e sbiadita in alcuni punti ma ancora ben leggibile.

– È un altro scherzo? – chiesi. Mi girava la testa, la paura stava aumentando, ma un tratto, pur con la voce soffocata, riuscii a dire: – Perché mi hai portato in questa cripta sotto terra? Chi ha scritto queste parole?

Mercurio sorrise. Sorrise come faceva sempre. Ma quella volta, pur nello stordimento, notai che sorrise con una esultanza che non avevo mai notato prima.

– L'ha scritta tuo padre, Claudia, quando sei nata.

– Mio padre? – balbettai.

– Sì, tuo padre.

– E tu come lo sai?

– Io lo so. Io porto messaggi divini, messaggi che giungono dal cielo o dalla profondità della terra.

E allora accadde. Nell'oscurità avvertii il sibilo dei serpenti intrecciati del suo bastone magico e nel riverbero della torcia li vidi muoversi nell'ombra.

Per un istante pensai di trovarmi davvero davanti a un messaggero degli dei.

E allora dissi: – Mercurio, se sei
un dio, fammi parlare con lui.

Avevo le lacrime agli occhi.
Mio padre era un fabbro: costruiva
mensole per la grotta, ma anche
cancelli in ferro battuto, ringhiere,
utensili di ogni tipo. C'erano molti
dei suoi lavori in paese.

«Tuo padre martellava, curvava,
tagliava il metallo incandescente.
Faceva ogni cosa con la forza
del fuoco», diceva la mia mamma.

E anch'io in quel momento,
nonostante le lacrime, sentivo un fuoco
che mi ardeva nel cuore.

– Sale e zolfo – disse più tardi
Mercurio. E mi abbracciò.

Non mi ritrassi. Lasciai
che mi stringesse. Mio padre era morto
pochi mesi dopo la mia nascita.
Non c'era una data che indicasse

il giorno in cui aveva scritto quella frase, ma doveva essere accaduto nel breve periodo di tempo in cui anche lui aveva potuto tenermi tra le braccia.

«Era così felice per la tua nascita», mi ripeteva sempre la mamma.

Allora, tra le lacrime, stretta a Mercurio, che mi accarezzava i capelli, pensai a mio padre, lo vidi mentre aiutava i pastori della valle, trasportava forme di formaggio per loro, fissava le mensole che aveva costruito ai muri della grotta. E, per la gioia della mia nascita, scriveva con la vernice dorata un augurio per me.

– Ha voluto affidare all'oscurità un messaggio pieno di luce – disse Mercurio.

Sembrava che i serpenti si muovessero ancora: nell'antro di quella grotta oscura le ombre prendevano molte forme.

Cara
Claudia sono felice
che tu sia nata

Forse fu l'immaginazione,
quella che rende le persone ancora
più belle e piene di promesse per noi,
e per questo ce le fa amare ancora
di più, ma all'improvviso vidi l'ombra
di mio padre, che si muoveva.
Si muoveva lungo le pareti della grotta
nel riflesso della torcia di Mercurio.

– Ti auguro una vita piena di coraggio,
Claudia! – esclamò mio padre.

Io lo vidi e udii la sua voce.
Era una voce calda e gentile.

– Papà, papà! Dove sei?

Nulla. Nessuna risposta.

Mercurio spense la torcia.
– Tuo papà è dentro il tuo cuore, nella
nostalgia, nel desiderio. Hai visto
l'invisibile, Claudia – disse, quando
l'ombra e la voce si dileguarono
nell'oscurità e nel silenzio della grotta.

18

CAMMINAVAMO in silenzio,
tra i cespugli spinosi che il caduceo
aveva schiacciato per farci passare.

Il sole era quasi tramontato, ma c'era ancora abbastanza luce per intravedere l'esile tracciato del sentiero che conduceva al borgo.

La caviglia mi faceva meno male. Il torpore era svanito, anche se la testa mi girava ancora per la forte emozione.

Mercurio mi precedeva. Camminava aprendo la strada con il suo bastone. Osservai i serpenti: nessun sibilo e nessun movimento.

Volevo fare mille domande, chiedere a Mercurio di mio padre, domandargli se, come me, aveva visto la sua ombra e udito la sua voce, ma ero sicura che lui non mi avrebbe risposto.

Lo avevo abbracciato. Non avevo più paura di lui, ma continuavo a non capire chi fosse. Un dio antico giunto con la macchina del tempo o solo un incantatore, un prestigiatore desideroso di ingannare con le sue magie tutti coloro che incontrava, come il mercurio, di cui portava il nome, metallo volatile e velenoso.

Dovevo avere avuto un'allucinazione, fu di questo che mi convinsi, mentre sbucammo lungo il sentiero che ci portava a valle. Ma anche se avevo immaginato solo per pochi secondi mio padre, avevo già una grande nostalgia.

All'improvviso Mercurio si fermò e ricominciò a suonare la lira. Si era seduto su una grossa pietra chiara. Con un cenno mi propose di fare lo stesso.

– Fai riposare il tuo piede – mi disse.

Iniziò a cantare. Non pensavo avesse una voce così melodiosa. Cantava con enfasi, sottolineando con passione ogni strofa.

Pizzicava le corde del suo strumento e intanto raccontava le gesta di Orfeo e Euridice. A ogni frase sospirava, lasciava che fossero le variazioni musicali, gli alti e i bassi, a fare crescere l'attesa con sempre maggiore intensità.

Orfeo e Euridice, una storia di amore e nostalgia.

La storia dolorosa di Orfeo, il grande cantore, che con la sua voce ammansiva gli animali e muoveva le pietre, e non poté salvare Euridice, la donna che tanto amava, dal morso del serpente, il giorno del loro matrimonio.

Ma quando Orfeo andò nell'Ade
a cercare Euridice e commosse così tanto
con la sua musica Persefone,
la Regina dell'oltretomba, ebbe
il permesso di portare via la sua sposa,
al solo patto di non voltarsi mai
durante il viaggio.

Parole vane: poco prima di uscire dal
regno dei morti, lui si volse e lei svanì.

– Anche Orfeo suonava la lira! –
disse Mercurio, quando, con un ultimo
dolente vocalizzo, terminò.

Io lo avevo ascoltato in silenzio,
incantata da una voce
che non conoscevo.

– Perché si è voltato Orfeo? –
gli chiesi.

– Chi può dirlo? Neppure un dio
come me ne ha la certezza. Forse
fu Euridice a non volere tornare.
O forse fu Orfeo che preferì perderla

per avere il desiderio di lei per sempre
nelle sue canzoni e nelle canzoni
che tutti ancora oggi cantano.
Canzoni di amori perduti. Noi siamo
pieni della nostra nostalgia, Claudia.
Dimmi per chi hai nostalgia e ti dirò
chi sei.

Non capivo. Scossi la testa.

– Noi viviamo di desiderio
e di assenza. Se Orfeo non avesse
perso Euridice, né lui né nessuno
dopo di lui avrebbe cantato canzoni
tanto nostalgiche – aggiunse Mercurio.

– Ed Euridice? – chiesi io.

– Forse Euridice desiderava
scendere nella profondità
della terra e fu così che chiese aiuto
al serpente e Orfeo nulla poté
per impedirlo, nonostante fosse
capace di ammaliare gli animali.
Forse il serpente era Esculapio,
il dio della medicina: Esculapio

sa lasciare morire, ma sa anche
far risorgere i morti, se lo vuole.

– Allora Euridice non è morta! –
esclamai.

– Forse è morta e poi è rinata,
come il serpente che cambia la pelle
per rinascere dopo la muta.

Pensai a mio padre. Mi chiesi
se anche lui fosse rinato e vivesse
dove io neppure potevo immaginare.

19

QUANDO RIPENSO a quei giorni di marzo trascorsi insieme a Mercurio, mi chiedo se non siano frutto della mia fantasia. O della febbre che solo un termometro poteva misurare: un lungo sogno, un'illusione della mia immaginazione.

A scuola avevamo letto i miti degli dei greci e romani. Piaceva così tanto a tutti ascoltare l'insegnante che ci raccontava le storie dell'Olimpo!

Eppure ogni tanto, quando provo a dubitare, avverto ancora un dolore lieve alla caviglia. Una fitta improvvisa che per qualche passo mi fa zoppicare.

Quel giorno avevo visto e ascoltato mio padre. Avevo letto il suo messaggio.

Nella grotta, il desiderio
che mi aveva accompagnato per tutta
l'infanzia mi aveva riempito il cuore.

Mi aveva fatto coraggio.
Aveva ragione Mercurio a dire
che mio padre era nascosto dentro di me.
E che noi viviamo sempre di desideri
e di assenza. Ed è per questo che,
allora come ora, aspettiamo sempre
un messaggio che ci frulli, ci emozioni,
ci faccia forse cambiare la nostra vita.

Ma quella sera, mentre camminavo,
trascinandomi il piede, alla luce
che scemava a ogni passo, percepivo
anche che quel desiderio doveva entrare
in circolo. Non poteva restare immobile,
fisso solo nella nostalgia di un padre
che non avevo conosciuto.

– Tutto deve trasformarsi – disse
Mercurio. – Le immagini fisse
sono il sale che ci cristallizza,
che ci rende simili a pesci in salamoia:
è l'esperienza delle troppe lacrime.

– E lo zolfo? – chiesi.

– Lo zolfo ci infiamma, ci accende, ma poi ci infarcisce il cuore come mucillagine. Alla fine zolfo e sale, come tutti gli estremi, ci impediscono di rinascere ogni giorno a nuova vita.

– E allora?

– Allora c'è il mercurio – ammiccò lui con gli occhi che brillavano. – L'argento vivo, che sta in mezzo e che dà valore a ciascun momento della vita per le sue mille possibilità: volatile e fisso. Fisso e volatile. Velenoso e curativo.

– Anche se si zoppica? – domandai per provocarlo.

– Quando si zoppica ci si può sempre appoggiare al caduceo – sorrise lui.

– Zolfo e sale, sale e zolfo – mi ripetevo, cercando di decifrare quelle parole oscure. Ma intanto avrei desiderato avere con me il termometro che mi aveva regalato Mercurio.

Ero sicura che il metallo contenuto nel tubo di vetro avrebbe continuato a salire e a scendere impazzito, senza mai riuscire a segnare la temperatura esatta. Quando giungemmo al limitare del bosco e ci recammo al vecchio lavatoio di pietra, dove arrivava il torrente in cui Mercurio aveva gettato le barche di carta, io non zoppicavo più.

– Effetto del caduceo! – esclamò Mercurio, quando mi vide camminare spedita.

In cielo un assiolo spiccò il volo, salutandoci con il suo canto nasale.

– Solo chi sa integrare il sovrumano nell'umano, rende possibile l'impossibile – mi disse Mercurio, ma più tardi, il giorno in cui mi lasciò.

20

IL GIORNO in cui Mercurio mi lasciò, mi disse anche molto altro.

– Dove c'è bellezza c'è anche bontà e verità, Claudia. Dobbiamo cercare ovunque la bellezza: scopriremo che l'immaginazione nasce dal cuore e che il cuore fluttua nel nostro petto come argento vivo, felice di battere per noi da quando siamo nati.

Ma quella sera Mercurio non parlò. Si limitò a osservare insieme a me ciò che stava accadendo, senza fare commenti e senza fornirmi alcuna spiegazione, nonostante io lo implorassi con la voce e con gli occhi di svelarmi almeno uno dei segreti con cui lui aveva reso possibile quella stregoneria delle barchette.

Dopo avermi accompagnato al vecchio lavatoio, dove già molte altre persone erano accorse prima di noi, si limitò a ritirarsi nell'ombra, lontano dai lampioni che illuminavamo la piazzetta del borgo, per osservare, non visto dalla guardiola, tutto in silenzio.

Le barchette di carta si tuffavano una dopo l'altra nella vasca di pietra. Avevano impiegato lo stesso tempo che avevamo impiegato noi a scendere a valle. Un tempo apparentemente troppo lungo confrontato al nostro: noi ci eravamo fermati anche nella grotta.

Ma Mercurio sapeva recapitare i messaggi quando e come voleva.

Il torrente del bosco, dopo la prima ripida pendenza diventava un corso d'acqua lento, con pozze d'acqua e un greto fatto di rocce e sassi che ostacolavano la discesa.

La vasca di pietra dove una volta le donne del mio caseggiato lavavano i panni, quando la grande cascina dove vivevo non aveva ancora l'acqua corrente, era al limitare del bosco, a pochi metri dalla guardiola dove si era rintanato Mercurio.

Così, dopo che la prima barca di carta fu avvistata da un passante ignaro, anche altre persone giunsero dalle case, richiamate dalle grida di meraviglia dei vicini e forse anche dalla stessa furia interiore, che ci fa correre alla porta di casa quando suona il postino con un pacco o un telegramma.

Attratti dalle barchette di carta, che scendevano dal torrente, per tuffarsi attraverso lo scivolo nella vasca di pietra, c'erano donne, uomini e bambini, accorsi uno dopo l'altro grazie a un matto passaparola.

Riconobbi i miei vicini di casa, ma anche persone giunte da tutto il paese, giovani, vecchi e bambini, che conoscevo solo di vista, o che vedevo spesso passare in ogni stagione per andare nel bosco a cercare funghi o a raccogliere noci e castagne.

C'erano persino alcuni miei compagni di scuola, che salutai festosamente e che ricambiarono il saluto, ignari di quello che sapevo.

Erano tutti preda di un'eccitazione improvvisa che li faceva ridere, frugare nell'acqua, recuperare le barchette gocciolanti per poi, dopo averle osservate, aperte e distese, scambiarsele, annuendo con grande soddisfazione.

Come avesse fatto l'inchiostro con cui erano scritti i messaggi a non sciogliersi, era un'altra di quelle diavolerie di cui era capace Mercurio.

Ma quei messaggi che, mentre erano nella busta, sembravano

non avere né mittente, né indirizzo, trovarono senza fatica la persona a cui erano rivolti.

Chi ripescava le barchette, leggeva per primo il nome a voce alta e poi passava la lettera, di mano in mano, fino al destinatario.

«Cara Agostina, caro Giovanni, cara Antonia, cara Luigia, caro Fedele», diceva, cercando con gli occhi tra le persone che si erano assiepate attorno alla vasca. E se il destinatario mancava, c'era sempre un amico o un parente pronto a offrirsi per recapitare il messaggio.

Elsa, la signora che aspettava l'abito verde per il venerdì, abitava sopra di me. Non mi stupii quando vidi che era contrariata: non voleva aspettare fino al lunedì.

La conoscevo bene: era sempre scontenta e si lamentava per ogni cosa.

Cara
Caro
Caro
Caro

Conoscevo bene anche la mamma con il neonato in braccio, si chiamava Emilia e fu molto felice per gli auguri. E Lorenzo non vedeva l'ora di tornare a casa a preparare il pane con la farina di castagne, di cui ora conosceva la ricetta.

Lorenzo era il ragazzo con cui avevo ballato alla festa in piazza.

Ero felice che anche lui fosse alla fontana e gli sorrisi, mentre afferrava la lettera inzuppata di acqua del torrente e leggeva con gioia quel messaggio che sembrava attirare tutta la sua attenzione.

Io lo guardavo, sperando che alzasse gli occhi. Mi figuravo intensi attimi di sguardi furtivi, tra noi complici. Ma lui restò chino sulla lettera, ignaro di quello che capitava attorno.

Non sapevo che gli piacesse cucinare.

– Quante poche cose sappiamo
delle persone che ci piacciono
o che pensiamo ci siano piaciute! –
esclamò Mercurio, quando glielo dissi.
– Dovremmo imparare a guardarle
di più negli occhi. È nei loro occhi
che sono nascosti i messaggi
che desiderano mandarci.

Fui stupefatta, ma anche contrariata
dalle sue parole. Come facevo
a guardare Lorenzo negli occhi
se lui non mi guardava?

21

PASSARONO i giorni, la primavera
scoppiò in tutta la sua bellezza:
sulle acacie e i ciliegi selvatici
erano spuntati fiori bianchi e tenere
foglie nuove. Sui rami dei castagni
lunghe foglie dentate e fiori a grappoli.
Nei sentieri coperti di infiorescenze
e di petali portati dal vento era
tutto un brulichio di insetti
e di corse di lucertole matte.
Sui prati anch'io cercavo tarassaco,
aglio orsino, ortica, polmonaria.

– Dove c'è il bosco, c'è la minestra –
diceva la mamma.

Fu in uno di quei pomeriggi di sole,
mentre tornavo a casa con il cestino
colmo di erbe, che Mercurio,
sulla porta della guardiola, mi fermò
per darmi la busta.

Era una lunga busta bianca
su cui c'era un francobollo verde
che raffigurava un monumento.
Il mio nome e il mio indirizzo
erano scritti in modo chiaro. Anche
il mittente era stato annotato in corsivo
con una grafia chiara ed elegante.

La lettera me la mandava Lorenzo.

A scuola avevo visto Lorenzo
qualche volta, anche se sempre
di sfuggita, all'intervallo, mentre usciva
come me a chiacchierare nel corridoio.

Ma c'erano sempre altre compagne
e altri compagni con cui fermarsi
prima, davanti alla porta dell'aula.
E forse c'era anche un po' di timidezza
che ci impediva di avvicinarci
l'uno all'altra se non da lontano,
con un lieve cenno della mano.

Quando aprii la busta, con il cuore
che batteva forte e le mani gelate,
non ero più di fronte a Mercurio.

Mi ero allontanata da lui
per rintanarmi dietro un albero
all'inizio del bosco. Ero emozionata,
mi tremavano le gambe e il cuore.

«Dimmi di cosa hai nostalgia
e ti dirò chi sei» mi aveva sussurrato
Mercurio, uscendo dalla grotta.

Io avevo nostalgia del ballo,
di quel ballo lento abbracciata
a Lorenzo, mentre una musica
ancora più nostalgica saliva dalle casse
del giradischi.

Strappai la busta, tanta era la foga
con cui desideravo leggere.

Immobile, ma con gli occhi
che correvano lungo le frasi scritte
in un carattere così chiaro, che
per nessun motivo potevo dubitare
di avere frainteso, scoprii subito che
Lorenzo non mi invitava di nuovo
a ballare.

Cara Claudia, come stai? Scusa se ti disturbo, ma desidererei chiederti il numero di telefono di Anna. Puoi farmelo avere, per favore? L'ho cercato sull'elenco del telefono, ma deve essere un numero privato. E infatti non l'ho trovato. Scusa se ti scrivo. In effetti una lettera impiega molti giorni ad arrivare. Avrei potuto fermarti a scuola e chiederti il numero a voce, ma non volevo che nessuno mi sentisse. Temevo qualche pettegolezzo. Il cuore mi dice che tu sei una persona discreta e mantieni i segreti. Ti pregherei quindi di non rivelare a nessuno la mia richiesta. È una faccenda della massima riservatezza.

Grazie in anticipo per quello che farai per me. Mi fido di te.

Tuo Lorenzo

P.s. Ti piace il pane di farina di castagne?

Restai muta, le mani che stringevano
ancora la lettera, lo sguardo
che non fissava più le parole,
ma l'orizzonte, la cresta delle montagne
che all'improvviso mi sembrava potesse
incombere sul paese.

– Chi ti scrive?

Mercurio si era avvicinato a me,
sorridendo.

– Lo sai – gli risposi. – Tu sai tutto,
perché me lo chiedi?

22

PASSARONO minuti eterni, mentre,
con le mani ancora strette alla lettera,
che ormai conoscevo a memoria,
cercavo di trovare il coraggio di
strappare il foglio in mille pezzi
per vendicare l'affronto che avevo
ricevuto.

Anna, Anna, mi ripetevo
colma di indignazione, la più bella,
la più amata della scuola, aveva colpito
anche Lorenzo.

Come avevo fatto io
a non immaginarlo? Neppure l'abito
bianco, neppure quel suo ritrarsi
antipatico e scontroso da ogni ballo
lento l'aveva resa meno attraente.
Anzi, l'aveva trasformata in una ragazza
più misteriosa e irraggiungibile
e per questo più desiderabile.

Mercurio si era seduto accanto a me, dietro l'albero, sul prato fiorito, il caduceo tra le mani: serpenti immobili pronti a guizzare e a mordere di scatto. Nulla di più azzeccato per me che da quella lettera avevo distillato solo veleno.

– Smettila di sorridere! – gridai all'improvviso. – Più che un dio, sembri un povero diavolo, felice solo di vedere gli altri soffrire.

Mercurio non rispose. Continuò a guardarmi e a sorridermi.

– Vedo che hai una vista molto velata – disse dopo un lungo silenzio in cui io avevo cercato più volte di distogliere lo sguardo da lui senza riuscirci.

– Perché?

– Perché non sai leggere nel cuore delle persone.

Mercurio conosceva la lettera di Lorenzo. Naturalmente negò di averla aperta con il vapore prima di consegnarmela. Disse solo che era un dio che recapitava messaggi angelici e quello era un messaggio pieno di amore, anche se io non ero in grado di comprenderlo.

Mercurio non aveva con sé nessuno strumento musicale - la lira era rimasta nella guardiola -, così strappò un filo d'erba, lo tese tra le mani e appoggiandovi le labbra lo suonò.

– Un filo d'erba che vibra con un soffio, cara Claudia! – esclamò Mercurio. – Meglio del ruggito di una tromba per un messaggio angelico.

Cosa trovasse di angelico in quelle righe, dove Lorenzo parlava solo di un'altra e del desiderio che aveva di telefonarle, era al di là di ogni mia comprensione.

Ma Mercurio fu irremovibile, continuò a dire che non era alla lettera che dovevo dirigere il mio sguardo, ma a lui, a Lorenzo mentre la stava scrivendo.

– I messaggi non mentono mai – disse. – Se le persone sapessero leggerli, non ci sarebbe mai bisogno del mio intervento. Io inganno per gioco, per confondere, per mettere alla prova, per fare zoppicare. Solo chi zoppica e non scappa può scendere nella profondità del mondo. Disse questo e molto altro. Mercurio parlava senza fermarsi, in quella lingua sibillina piena di incanto e di metafore che facevo sempre fatica a comprendere bene. Alla fine disse solo: – Ti piace il pane di farina di castagne?

– Sì – risposi.

– Allora dai un appuntamento a Lorenzo. Lui non vede l'ora di farti assaggiare quello che cucina. È stato tuo padre ad augurarti molto coraggio.

23

MIA MAMMA lavorava in casa. Quando il papà era morto, aveva trovato un lavoro che le permetteva di stare sempre con me: costruiva paralumi per un negozio del capoluogo.

Mia mamma tagliava, cuciva e incollava sul fusto di metallo stoffe colorate, che poi dipingeva. Era libera di dipingere sul paralume quello che desiderava: fiori, alberi, animali. Anche figure astratte, macchie di colori a cui a volte abbinava disegni geometrici.

«Sei un'artista» le diceva la proprietaria del negozio. «I tuoi paralumi sono bellissimi.»

Quando entrai a casa, con la lettera di Lorenzo ancora stretta tra le mani,

confusa per l'odiosa ambasciata
appena ricevuta, lei stava dipingendo
su un paralume bianco con una vernice
rossa alcune lettere dell'alfabeto.

Sembravano vocali e consonanti
confuse, in cerca delle parole giuste
che dessero loro un senso,
ma guardandole ebbi la sensazione
che si trattasse di un messaggio
nascosto, divino, come avrebbe detto
Mercurio.

Allora le parlai.
Della sera della grotta
non le avevo detto ancora nulla.
Temevo di turbarla: sapevo quanto
lei e il papà si fossero amati,
ma nello stesso tempo io provavo
un turbamento misto a rancore.
Non capivo perché Mercurio
avesse scoperto prima di me quello
che lei non aveva mai osato dirmi.

Fui brusca nel raccontarglielo,
avevo le lacrime agli occhi: il messaggio

del papà e quello di Lorenzo si mescolavano nella mia immaginazione.

Erano lacrime di gioia, le mie, ma anche di mortificazione. Lacrime salate che bruciavano di nostalgia per il padre che non avevo avuto e per il ragazzo che, come il padre, non avrei potuto amare.

Lei mi ascoltò in silenzio, poi mi strinse tra le braccia e mi cullò come quando ero piccola.

– Lo so! – sospirò dopo qualche minuto. – Quando lui ha scritto il messaggio, c'eri anche tu. Ma noi due siamo rimaste fuori. Eri appena nata, non potevo portarti in una grotta.

– Perché non me lo hai mai detto? – chiesi con un grido soffocato.

– Te lo avrei detto Claudia, molto presto. Ci stavo pensando e continuavo a pensarci mentre dipingevo i paralumi.

"Quando?" mi chiedevo. Forse
desideravo che tu non fossi sola,
che ci fosse qualcuno con te.
Che la luce di quel messaggio
non ti accecasse troppo.

– Ci sono andata con Mercurio,
ma potevi accompagnarmi tu.

– È da molto che non scendo
nella grotta. Non ne sono più capace –
rise lei con imbarazzo.

Non credetti alle sue parole,
e di nuovo pensai a un inganno,
a una trama: la mamma e Mercurio
si erano messi d'accordo.

Ma poi sentii il cuore battere ancora
più forte, come se, con il suo rullo
di tamburo, anche lui volesse
annunciarmi qualcosa: la mamma
non riusciva a scendere nella grotta,
perché il dolore e la nostalgia
per la perdita del papà erano ancora
troppo grandi. E neppure tutti

i paralumi che costruiva riuscivano a fare ombra al sentimento acceso che ancora provava.

– Il farmacista mi ha chiesto se voglio lavorare con lui. Ora sei grande, posso anche lasciarti a casa da sola, Claudia – disse a un tratto.

– Il farmacista?

– Sì, vuole che lo aiuti a preparare i termometri.

– Con il mercurio? Ma non ne avevi paura? Non ne eri terrorizzata?

– Indosserò una mascherina e non lo respirerò –. Era felice la mamma, mentre mi annunciava il suo nuovo lavoro.

All'improvviso mi accorsi di essere molto inquieta.

La mamma non sarebbe stata a casa al mio ritorno da scuola. Per un istante mi sentii smarrita. Ma aveva ragione lei, stavo diventando grande, potevo anche cavarmela da sola.

Chissà perché ogni cambiamento ci confonde sempre così tanto?

– Allora i paralumi, non li dipingerai più? – chiesi alla mamma.

– Qualche volta, magari come hobby – rispose lei.

Osservai alcune lettere che aveva già dipinto: E, O, R. Pensai che ci volevano tutte e tre per scrivere i nomi di Lorenzo e di Mercurio. E che la E e la R si trovavano nella parola Serpente. E la E e la O in Esculapio e nel Caduceo.

Chissà cosa desiderava scrivere la mamma? Chissà se anche lei sapeva già, accettando il lavoro che le era stato proposto, che il bastone di Esculapio, dio della medicina, è il simbolo della farmacia. E che spesso è confuso con il Caduceo. Ma che in entrambi i casi sono i serpenti a indicarci la via della guarigione: bisogna essere sempre pronti a mutare pelle per cambiare, per rinascere. E il loro veleno può essere il farmaco che ci guarisce.

Non mi risposi, ma risi e risi così tanto, in un'esplosione di ilarità improvvisa che finalmente compresi: ci vorrebbe un termometro anche per misurare la febbre che ci turba, ci emoziona, ci spinge a muoverci con l'immaginazione in ogni direzione.

Non basta un paralume per fare ombra all'incendio che divampa come zolfo nel nostro cuore. E neppure chili di sale per immobilizzarci nel nostro dolore. Dobbiamo muoverci. Anche se zoppichiamo e non sappiamo bene dove andare.

Fu questo che mi insegnò Mercurio.

– Sì, mi piace il pane di farina di castagne! – esclamai. – Il numero di telefono di Anna ce l'hai tu, mamma, vero?

Mia mamma non capì tutto quello che desideravo farle sapere, ma non le fu difficile procurarsi il numero di telefono di Anna. La mamma di Anna era una sua cliente: aveva comprato i suoi paralumi.

24

ORA QUALCUNO vorrà sapere se mi è piaciuto il pane di farina di castagne. E mi manderebbe volentieri una mail o un sms per chiedermelo. E poi mi proporrebbe di chattare per conoscere i particolari. Oggi non c'è più bisogno di una lettera affrancata per chiedere in gran segreto un numero di telefono. Sì, il pane di farina di castagne mi è piaciuto molto. Era farina di castagne mescolata a farina bianca.

– Altrimenti il pane non sarebbe stato croccante, ma duro da masticare – disse Lorenzo.

Lorenzo mi ringraziò anche per il numero di telefono. Non mi disse mai perché o per chi lo aveva chiesto. E io non lo chiesi.

Per un amico, forse.

Spiai Anna a lungo, fino all'ultimo giorno dell'anno scolastico: non la vidi mai in compagnia di Lorenzo e neppure in compagnia di un altro ragazzo.

Erano in molti ad avvicinarsi a lei, a chiederle di uscire, ma lei sembrava rifiutare sempre. In estate, Anna si trasferì nel capoluogo di un'altra regione con la sua famiglia e né io né la mia mamma la vedemmo più.

Quando andai da Lorenzo, con il cuore che batteva forte e la sciarpa rossa che mi aveva regalato Mercurio stretta al collo, Mercurio, il figlio di Giove, prima di salutarmi, mi disse: – Claudia, i messaggi divini sono in ogni cosa, in ogni momento della vita. In ogni istante in cui permetti alla vita di andare in ogni direzione, di trasformarsi, di non avere un percorso prestabilito. Ogni gesto che compiamo, ogni parola

che pronunciamo rivela quello
che nascondiamo nel cuore,
quello che immaginiamo.

Furono le ultime parole che Mercurio mi disse, perché poi sparì. Forse tornò dal padre Giove lungo i sentieri del bosco che si inerpicavano tra gli alberi e le creste pietrose della montagna e potevano portare molto lontano, se uno indossava sandali alati e possedeva un bastone su cui appoggiarsi.

Sul tavolo della guardiola, la posta abbandonata e disseminata senza nessun ordine aspettava di essere recapitata. Dopo la partenza di Mercurio, ricominciammo a ricevere cartoline illustrate con saluti di amici e parenti e anche tutte le bollette del gas e della luce che lui non ci aveva più consegnato.

Se ne incaricò Elsa, la vecchia lamentosa vicina di casa, che desiderava solo che la posta fosse recapitata con puntualità e precisione. Senza che nessuno l'avesse nominata tale, assunse d'imperio il compito di postina del nostro caseggiato.

Lorenzo aveva un vecchio giradischi a pile e quando mi offrì il pane che aveva cucinato, fece suonare la stessa canzone che avevamo ballato insieme. Eravamo seduti su una panchina della piazza, dove ci eravamo dati appuntamento, e nessuno di noi fece il gesto di alzarsi per ballare il lento. Però ci guardammo negli occhi, prima con imbarazzo, poi con maggiore intensità.

– Hai una bella sciarpa! – disse lui.

Quello che le parole non sanno dire, lo dice lo sguardo. Le parole sono solo lo strumento con cui parliamo: se il nostro sguardo è muto anche le parole lo sono.

Perché Lorenzo avesse scritto proprio a me per ottenere il numero di Anna e perché Mercurio mi avesse detto di leggere con più attenzione il messaggio, per svelare tra le righe quello che vi era nascosto, lo lascio immaginare a chi ha abbastanza vista per riconoscere in tutti i messaggi che riceve ciò che di divino c'è, se c'è.

Ma dobbiamo sempre ricordare che Mercurio, il figlio di Giove, è il più grande ingannatore e illusionista che esista. E che spesso si diverte a confonderci, a farci recapitare messaggi incomprensibili, a farci illudere, a fare ingarbugliare le nostre vite.

Nessuno squillo di tromba, nessuna melodia, solo una grande e infinita nostalgia che ancora oggi ci fa cercare ovunque, su computer, tablet, telefoni cellulari e forse anche nella polverosa casella della posta, messaggi che vorremmo ricevere e di cui,

anche se li riceviamo, non siamo
mai sazi.

Non c'è bellezza, consolazione
e profezia dove manca la bontà
e la verità.

E l'invisibile non è solo nelle onde
che oggi ci avvolgono e ci portano
senza fili i messaggi che desideriamo
leggere. Non è negli ingranaggi
dei nostri dispositivi, magici e oscuri,
che usiamo senza conoscerne i segreti.

L'invisibile è davanti ai nostri occhi,
negli occhi di chi ci guarda.

Vale la pena zoppicare ogni tanto,
fermarsi, respirare e poi cambiare
direzione.

Spesso i messaggi che ci consolano
sono nascosti nella profondità
di noi stessi, nelle grotte
del nostro cuore.

25

P.S. LO SO, NON VI BASTA quello che ho scritto. Anche se siete tutti abituati a messaggi cortissimi e molto veloci, non siete ancora soddisfatti.

Sono passati molti anni da allora, da quando ho ricevuto la lettera di Lorenzo e come sono andate poi le cose preferisco lasciarlo immaginare a voi.

Ma capisco che vogliate conoscere almeno qualche particolare, che facciate fatica a raccapezzarvi.

Lo so, se avete letto con attenzione, ricordate che alla festa Lorenzo mi aveva abbandonato per un'altra ballerina. Ma sono cose che capitano alle feste, si balla con tutti, si ha paura di scoprire i propri sentimenti, non li si conosce ancora. È tornando a casa, ripensando, ricordando ogni cosa, che si comincia ad avvertire brividi di febbre, un nuovo frullo al cuore.

E la lettera?

Rileggetela, se lo desiderate. E forse capirete perché Mercurio mi aveva detto di non accontentarmi delle apparenze. Di andare più in profondità.

Se avete avuto almeno un piccolo dubbio, se avete compreso quali erano le frasi scritte da Lorenzo che dovevo leggere con la vista meno annebbiata, mandatemi un messaggio con la risposta.

Vostra Claudia

P.s. P.s. Se ci diamo un appuntamento, vi faccio assaggiare una fetta del pane che anch'io ho imparato a cucinare:

mi piace offrire il pane alle persone
con cui desidero parlare, quelle
che desidero conoscere meglio,
le compagne e i compagni con cui
desidero condividere ciò che è
buono, bello e vero.

È di loro che mi fido: è a loro
che affido le ambasciate più delicate,
quelle per cui ci vuole discrezione.

È amicizia? È amore?

P.s. P.s. P.s. Mandatemi un altro
messaggio con la risposta.
Anche un sms, una mail, o una lettera
con il francobollo. Ma siate sinceri.
Se mentite, me ne accorgo.

Se ne accorge anche Mercurio.

Mercurio, l'hacker.

Indice

Chi è Emanuela Nava?

Cari bambini,
quando ero piccola, fino ai sette anni, mia mamma mi costringeva a tagliarmi i capelli cortissimi e finiva che, qualche volta, un signore anziano che ci vedeva poco o un negoziante troppo indaffarato a infilare pesche e ciliegie nei sacchetti mi scambiasse per un maschio. Allora gridavo, pestavo i piedi e scappavo. Soprattutto in estate, quando passavamo le vacanze in Liguria e la nostra casa era vicina a un boschetto. Mi arrampicavo su per il sentiero, scavalcavo i terrazzamenti dove crescevano gli ulivi e tiravo le pietre contro le rocce. Quando mi passava la rabbia, tornavo e cercavo la compagnia degli amici. Ma se avevo ancora il muso lungo, finiva che litigavo anche con loro: mi mettevo in un angolo e giocavo per conto mio. È così che ho cominciato a parlare da sola, a raccontarmi un sacco di storie e di segreti che conoscevo solo io. Anche tante bugie: che ero una principessa orientale rapita ancora in culla da una nave pirata o una famosissima cantante che cantava a piedi nudi. Perfino che avevo un innamorato che aveva perduto la testa per me, e di come io, per amor suo, lo accompagnavo nel negozio dove vendono teste nuove. Tutte le storie in fondo sono bugie belle e buone. E io me ne raccontavo

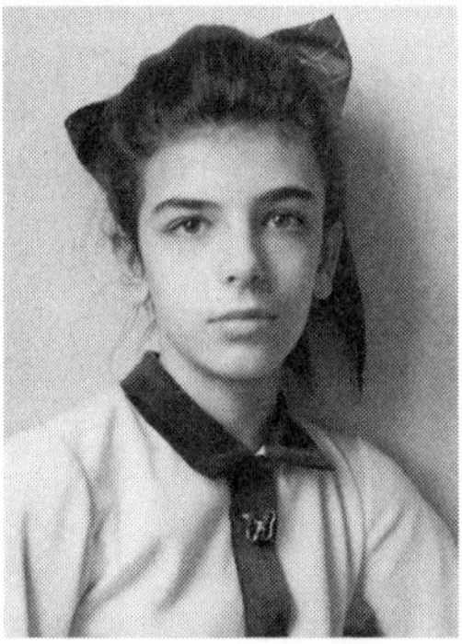
Emanuela a dieci anni

talmente tante che non mi sentivo mai sola. Parlavo a voce alta, gesticolavo, mi sorridevo allo specchio. Credo di essere cresciuta inventando una storia diversa ogni giorno.

Adesso che le storie le posso scrivere e soprattutto le posso raccontare a mio figlio e a voi, sono sempre meno arrabbiata. Mi taglio e mi faccio crescere i capelli come mi pare, sorrido e rido con grande allegrezza.

Emanuela Nava

Se mi torna il malumore, leggo le storie scritte dai grandi scrittori italiani, russi, indiani, israeliani, inglesi, africani, sudamericani. Faccio il giro del mondo, raccontandomi, poi, da sola, a voce alta, almeno due o tre finali diversi.

Emanuela

Chi è Desideria Guicciardini?

Desideria a 6 anni

Quando ero piccola amavo moltissimo i libri. Mi piaceva leggerli, guardarli, collezionarli. Ce n'erano però tanti senza illustrazioni. Allora io me le facevo da sola e mi divertivo molto. Poi ho frequentato il Liceo Classico, dove si legge un sacco ma non si disegna mai. Siccome mi veniva voglia di disegnare quello che avevo letto, lo facevo a casa, un po' di nascosto. Quando sono diventata più grande ho avuto un vero colpo di fortuna: ho fatto vedere i miei disegni a una casa editrice, e subito loro mi hanno chiesto di illustrare un libro. Da allora sono passati tanti anni, ma io non ho mai smesso di disegnare. Così, quello che più amavo fare è diventato il mio lavoro!

Desideria Guicciardini